AMA EL DINERO
EL DINERO TE AMA

Sarah McCrum

TRADUCIDO POR ANA LEVIN

Ama el dinero, el dinero te ama - *Edición Revisada.*
Traducido por Ana Levin

ISBN 978-0-9945762-2-4
Copyright © Sarah McCrum Pte Ltd 2020

A mi madre
que nunca habló de dinero
y tuvo éxito haciendo lo que ama.

Índice

Cómo surgió

Un día estaba haciendo los ejercicios al final de un capítulo en un pequeño libro titulado *Cómo convertirse en un imán de dinero*, de Marie Claire Carlyle. En el último ejercicio me pedía que escribiera "Qué quiere decirme el dinero".

Comencé a escribir, sin tener idea de si algo saldría de mi pluma. Estaba por completo asombrada de encontrarme escribiendo automáticamente, sin saber lo que estaba resultando. Escribí casi una página y luego me detuve.

Cuando miré lo que había escrito, el mensaje me conmovió profundamente y me sorprendió porque era muy poderoso y suave al mismo tiempo.

En los días siguientes volví a mi cuaderno y leí las palabras que había escrito, una y otra vez. Entonces decidí volver a intentarlo y me encontré escribiendo más.

Lo interesante fue que el estilo era tan diferente de cualquier cosa que hubiera escrito yo misma, que sabía que no era yo quien realmente lo estaba haciendo.

Hay muchos libros y sitios web en estos días con varios tipos de canalización y diversos mensajes entregados por seres de otros mundos o dimensiones. Decidí publicar esto con cierta inquietud, sin estar segura de si realmente quería ingresar a esa arena. Sin embargo, creo que la información es tan simple y valiosa que sería una pena guardarla sólo para mí.

Creo que algo de este material resultará familiar, pero hay partes que traen un nuevo mensaje, que no he escuchado en ningún otro lado.

Cómo usar este libro sabiamente

Cuando comencé a escribir esto pensé que todos los consejos que iba a brindar serían fáciles de seguir y que todo sucedería naturalmente. Después de siete años, puedo decir que es cierto y no es cierto.

Lo que me encanta de los consejos que el Dinero da todo el tiempo es que son fundamentalmente fáciles y también muy atractivos. ¿Quién no quiere tener todo lo que le encantaría tener (y a menudo siente que no puede permitirse) o ganar dinero disfrutando más? Pero, aun si es fácil para nosotros disfrutar, puede ser muy desafiante cambiar los hábitos de ser serios, y eso es lo que se nos pide que hagamos.

Poco a poco y por experiencia he descubierto que, si bien el libro se ve y se siente como una lectura bastante ligera, que puedes leer en un par de días y sentirte inspirado, para obtener el verdadero valor de él, deberías abordarlo de manera bastante diferente.

Los resultados se obtienen de forma natural cuando se siguen los consejos, pero no siempre es fácil hacerlo correctamente.

Mientras más exploro lo que está escrito en este libro, más llego a la conclusión de que la simplicidad es engañosa. Cada instrucción es simple, en sí misma, y es sencillo hacer cada pequeña cosa que se pide. Pero somos increíblemente hábiles para evitar el cambio. Podemos encontrar tantas excusas para "simplemente no hacerlo ahora" o decir "lo haré más tarde", pero ese más tarde nunca llega.

Entonces, si te gusta lo que está escrito aquí y quieres aprender este nuevo enfoque, te recomiendo que te des mucho tiempo para aprender y regreses al libro repetidamente, de manera que puedas recordar lo que necesitas practicar. Toma un tema a la vez y domínalo, en lugar de tratar de hacer todo al tiempo y lograr casi nada.

Puede tomar 2 ó 3 meses, especialmente al principio, familiarizarte con una simple instrucción, pero la recompensa, cuando finalmente la obtengas, será mucho más valiosa que el dinero que te traerá. No hay precio que se pueda poner a la sabiduría y ese es el verdadero premio de aprender este método.

Una vez que te habitúes al enfoque, el proceso comenzará a acelerarse y los beneficios se multiplicarán en muchas direcciones diferentes.

Por lo tanto, no te desanimes si parece difícil y lento al principio. La persistencia y la determinación de cambiarte son más poderosas que el peor hábito. Y vale la pena aprender, porque todo lo que se nos enseña aquí también se puede aplicar a otras áreas de la vida.

Sarah McCrum

Sobre la edición revisada

Algunos meses después de completar la primera edición de *Ama el dinero, el dinero te ama*, decidí volver a chequear con el Dinero. Escribí una gran cantidad de material adicional y buena parte de este parecía muy significativo.

También hice algunas preguntas sobre la nueva moneda. Esta es una idea que comenzó a surgir cuando reflexioné sobre lo que el Dinero nos había estado diciendo en el texto original.

Todos estos capítulos se han agregado en esta edición del libro. El único material restante depende de ti.

Algunas personas comenzaron sus propias conversaciones con el Dinero y tuvieron una experiencia similar a la mía. Hay un tono notablemente consistente en los mensajes que han recibido. Tú también podrías intentarlo. Es maravilloso tener una relación viva con esta energía que es tan central en nuestras vidas.

Introducción

1
Lo que el dinero quisiera decirte

Me gustaría decirte que me ames.

Sonríeme. Recógeme. Disfrútame. Siente mi poder. Gástame. Inviérteme. Entrégame. Paga conmigo. Tómame.

Soy una energía. Soy muy poderosa y hermosa. Soy una increíble red de conexiones.

Soy luz. No soy sucio. Sólo tú puedes ser sucio conmigo.

Me tienes demasiado miedo, como a muchas cosas.

Puedes abrirte y abrazarme completamente en tu vida. No es demasiado tarde. Puedes comenzar ahora.

Sólo ábrete y di que sí.

Sé valiente. Ámame.

Ámate a ti mismo para que puedas aceptar mi poder, mi gloria, mi luz, mi belleza.

No soy el diablo. Nunca lo he sido. Soy un glorioso ser de luz.

Conecto seres humanos entre sí. Soy tan flexible que puedes usarme para canalizar tu creatividad.

Sólo sigue adelante. Estoy esperándote. Debes abrir tu corazón. Eres demasiado rígido, demasiado temeroso y no hay nada que temer.

Ganarás, no solo a *mí*, sino *vida* también.

Siempre estoy aquí para ayudarte. Solo acéptame y vendré a ti muy rápido.

Hay mucho de mí esperándote. Has sido elegido para tener más.

No esperes. Solo tómame. Te amaré

2

No puedes controlar el dinero

Quiero decirte que te relajes. Todos deben relajarse con el dinero. No soy lo que crees que soy. Estás muy confundido por las monedas y los billetes que has ganado. No puedes ver la energía en el dinero.

Debes saber que soy energía. No soy tu material. Soy un tipo diferente de material. Puedes crear conmigo, pero nunca puedes destruir.

En este momento, todos tienen una idea completamente errónea sobre mí, incluso los adinerados. Crees que yo controlo el mundo y que tú también puedes controlarlo a través de mí.

Pero nunca estás realmente en control. Hasta el hombre más rico puede estar enfermo o afligido por algún problema irresoluble. Muchas personas me persiguen toda su vida pero no se dan cuenta de que soy transparente e invisible, y tan flexible y sin forma que puedo eludir su alcance. Nunca creas que puedes controlarme porque terminarás volviéndote loco.

Soy el hilo invisible en cada intercambio entre seres humanos y los mantengo unidos tan fuerte como una telaraña sostiene a la araña. Puedes estirarme en todas las direcciones mientras negocias tus precios, pero mi verdadero valor nunca puede cambiar porque fue creado en un mundo que no comprendes.

3
El dinero salvará al mundo

El dinero salvará al mundo porque hay mucho disponible. No es limitado. Puede ofrecerte un camino a la libertad.

Cuando dejes de sentir que el dinero es limitado y tengas suficiente para todos y todos estén creando riqueza y abundancia, ya no necesitarás dinero en el sentido estricto de la palabra; sin embargo, aún intercambiarás bienes en muchos diferentes niveles. Por ahora, solo necesitas saber que somos ilimitados. Estamos fluyendo a tu alrededor todo el tiempo. Somos tu sistema de intercambio y transacción que mantiene unidas a tus sociedades.

Cada vez que le pagas a alguien, creas un contrato entre esa persona y tú, el cual te permite recibir. Si puedes expandir este sistema más allá de tus niveles actuales, hasta un nivel ilimitado, desarrollarás tu creatividad, tu servicio y tu amor más allá de cualquier comprensión que ahora poseas.

El dinero no se trata de propiedad. Es el flujo del intercambio. Si te guardas para ti mismo, no puedes dar ni recibir mucho y es por eso que tienes tan poco dinero. Cuando das más, recibirás más. Esa es la ley.

4
Un nuevo plan para ganar dinero

Estoy escuchando todas tus oraciones, tus anhelos, tu desesperación por el dinero, por más de mí. Pero tengo que decirte que no puedo responder a ese tipo de oraciones y deseos desesperados. Soy repelido, o rechazado, por la fuerza de tu deseo. No puedo entrar en el regazo, las manos o las billeteras de aquellos que buscan desesperadamente.

Soy energía. Soy luz. Soy hermoso. Siempre vuelo, y solo puedo sentirme atraído hacia ti cuando tienes un cierto tipo de energía que me cautiva: una receptividad, sin miedo, preocupación o ansiedad.

Puedo decirte, sin ninguna duda: cuando tengas miedo de no poder tener más dinero, perderás lo que ya tienes, sin importar si lo necesitas o no.

No es tu culpa y no has hecho algo mal. Nunca te han enseñado la forma correcta de acercarte a mí. Ahora estoy aquí para enseñarte, simplemente, cómo acercarte a mí y cómo recibirme.

No es tan difícil como te imaginas. Viajo a través de líneas de energía hacia aquellos que están abiertos, receptivos y que son capaces de usarme. Hay suficiente de mí para convertir a todos en la tierra en multimillonarios y luego más... mucho, mucho más. Apenas has comenzado.

Por lo tanto, quiero establecer un plan simple y moderno para que ganes dinero. Sé que ya hay muchas formas, pero en general son complicadas y como resultado muchas personas no tienen éxito.

En primer lugar, recuerda todo el tiempo que no soy el diablo, ni el mal, ni de ninguna manera malo para ti. Puedes hacer cosas malas conmigo, si quieres, así como puedes hacer cosas malas con esos elementos de la vida que más amas y en los que confías: tus hijos, tu planeta, la naturaleza, tu alma. Pero eso es por ignorancia, no porque seas una mala persona.

Entonces, si estás dispuesto a que te eduque ahora, deja de lado todo lo que estás haciendo por un momento y escúchame con plena concentración.

El primer paso es olvidar todo lo que aprendiste sobre el dinero. Este puede ser el paso más difícil de todos, por lo que te brindaremos ayuda; pero es sin duda el más importante, así que date permiso para correr el riesgo y probarlo.

El segundo paso es simplemente abrir tu corazón para recibir más dinero en tu vida sin ningún cálculo de cómo lo harás. No necesitas pensar qué trabajo necesitas o qué fuentes de dinero están disponibles para ti. De hecho, si éstas son limitadas, como parecen para la mayoría de las personas, es muy importante ignorar todas tus fuentes actuales y simplemente centrarte en estar receptivo. Esto significa que eres simple, natural y crees que ya estás en camino de recibir más dinero. Esto puede requerir cierta confianza y la capacidad de dejar de preocuparte por el dinero, pero si decides hacerlo, se volverá más fácil rápidamente. Después de todo, ¿cuánto dinero recibiste preocupándote?

No tengas miedo de estas instrucciones. Las mantendré simples, así que todo lo que necesitas es practicar una o dos cosas simples para tener éxito.

El tercer paso es hacer tu trabajo sinceramente, sean cuales fueren tu labor, tus responsabilidades y tus actividades diarias. Es muy importante que nunca sientas miedo o ansiedad cuando estés trabajando. Necesitas liberar todo el estrés y el miedo y trabajar de una manera simple y natural. Todos saben cómo hacer esto. Todos saben cuándo han hecho un trabajo adecuado y cuándo han sido un poco descuidados. Todos saben cuando están satisfechos con su trabajo, al igual que todos saben cuando no han dado lo mejor de sí. Incluso los niños pequeños saben estas cosas. Como adulto, debes ser honesto contigo mismo acerca de cómo trabajas. Si no estás satisfecho con tu enfoque, corrígelo lo más rápido posible. Te sentirás mucho más feliz, los que te rodean se sentirán más positivos hacia ti y comenzarás inmediatamente a cosechar la recompensa de la satisfacción interior.

Entonces, como ves, las cosas principales con las que estás lidiando son tus sentimientos. Son lo que te impide recibir más dinero.

Pero más allá de tus sentimientos actuales están tus sueños. Todos ustedes tienen sueños, algunos grandes, otros enormes. Algunos de ustedes han tratado de dejar de soñar porque estaban frustrados por no poder lograr lo que querían, pero esto pronto llegará a su fin. Simplemente, leyendo estas instrucciones, comenzarás a soñar de nuevo.

El cuarto paso es soñar en grande.

Deja que tus sueños se desborden, llenos de vívidos detalles, colores y vitalidad.

Imagínate a ti mismo y a tu vida como quieres que sean: ¿eres mucho más feliz, mucho más saludable, vives en una casa diferente, una ciudad diferente, incluso un país diferente?

Imagina a tu familia, tu empresa, tu comunidad, tu planeta, como quieres que sean.

Da rienda suelta a tus sueños e imaginación, y siempre déjalos fluir en la dirección más positiva y gratificante.

Pasa una hora todos los días dedicado a soñar e imaginar, porque todo lo que puedas imaginar puede volverse real.

Y el gran paso que ahora debes dar.

Comienza a creer que los sueños se harán realidad. Todos los días asegúrate de corregir cualquier pensamiento negativo que te indique lo contrario.

Imagina que tu vida se desarrolla frente a tus ojos, día a día, a medida que avanza, como un viaje que nunca antes habías recorrido.

No necesitas saber ninguno de los detalles en el camino; solo necesitas moverte, día a día, paso a paso, a través de tu vida en dirección a tus sueños.

Olvídate de la planificación tradicional. Mira lo que hay que hacer hoy.

Siempre mantente preparado para sorpresas y oportunidades.

Permanece abierto, receptivo y lleno de confianza.

Debes saber que siempre estás en camino de recibir más dinero.

Corrígete cada vez que te sientas preocupado, asustado o ansioso por el dinero.

Sueña en grande, más y más grande aún.

Cree que los sueños se hacen realidad.

Y haz lo que necesitas hacer hoy, tan bien como puedas.

Eso es todo, es simple, funciona, y cualquiera puede hacerlo.

Recibir dinero

5
Puedes tener lo que te encantaría tener

Somos un grupo de conexiones que viven en una dimensión muy cercana a los humanos, pero no puedes vernos. Interactuamos contigo todo el tiempo, estés donde estés en el planeta. Somos tus amigos, ya que la mayor parte del tiempo te permitimos intercambiar cosas de manera justa y pacífica. Establecemos en ti tu deseo de más cosas y tu sentido de valor.

Cada vez que piensas en dinero, finanzas o valor, te conectas a tu canal con nosotros. Atraes nuestra energía y comenzamos a proporcionarte información. A veces no entiendes esta información muy claramente, especialmente cuando te sientes muy sensible sobre el tema. Entonces te resulta difícil escuchar nuestro mensaje: es como si hubiera interferencia en la línea. Cuando estás conforme y contento recibes la información directamente y es menos probable que cometas errores al interpretarla.

Por ejemplo, cuando miras un abrigo nuevo y hablas espontáneamente contigo mismo o con otra persona y dices "Me encantaría ese abrigo", te estás conectando directamente con nosotros. Recibirás de nosotros cierta información sobre su valor para ti: este es el verdadero valor, no el costo o el precio marcado por la tienda. La sensación de que amarías algo significa que tiene un verdadero valor para ti, independientemente de su precio, y por lo tanto es algo que debes tener.

No siempre tienes suficiente dinero en tu cuenta en ese momento para comprarlo de inmediato, pero debes comprender que cuando sientas que te encantaría tener algo, puedes tenerlo, generalmente muy pronto. El "sentimiento de amor" abre tu canal por el que recibes el dinero para comprar el abrigo. Si solo pudieras mantener esa sensación viva siempre, el abrigo te llegará tan seguramente como respiras y tu corazón late.

Solo cometes un error todo el tiempo. Comparas el costo del abrigo con el dinero que tienes disponible. Lo que debes hacer es comparar el valor del abrigo con el dinero que te está llegando para ese abrigo, y en todos los casos los dos son iguales.

Sin embargo, si te sientes decepcionado al comparar el costo y el dinero que tienes disponible, cerrarás el sentimiento de amor y te fijarás en el sentimiento de "No puedo pagarlo". Lamentablemente, esta es la forma más rápida de cerrar tu conexión con nosotros: tus proveedores de dinero.

¿Suena familiar?

Solo puedes probar esto a través de la experiencia: es totalmente libre de riesgos. No te estamos pidiendo que gastes dinero que no tienes, ni que gastes el dinero de otra persona, que tal vez no esté interesada en que obtengas un abrigo nuevo.

Todo lo que decimos es que te permitas quedarte con ese sentimiento: "Me encantaría tener ese abrigo". Nunca digas ni te permitas sentir que no puedes permitírtelo. Y luego, sólo espera pacientemente. Cuanto más contento estés con todas las cosas buenas que esperas recibir, todas las cosas que te encantaría tener, más rápido se te acercarán como si estuvieran en una cuerda que simplemente está siendo atraída hacia ti constantemente, día por día.

Puedes permitirte todo lo que te gustaría tener, pero no siempre de inmediato. El amor es el sentimiento que abre el canal para permitir que el dinero llegue a ti. Es el sistema que hace posible la abundancia. Te ayuda a crecer y aumentar constantemente en tu vida.

El dinero es para disfrutar. Nunca estuvo aquí para torturarte o causarte dolor o preocupación. Pero necesitas entender cómo funciona. Es simple y está garantizado siempre y cuando sigas las pautas que te proponemos.

6
Secretos para recibir dinero

El siguiente paso es comprender más sobre cómo funcionamos. Te daremos algunos secretos que pocas personas entienden.

Cuando deseas comprar algo, necesitas abrir tu corazón –como hemos explicado anteriormente– para permitirnos suministrarte el dinero. Hacemos esto estableciendo oportunidades para que tú recibas dinero en efectivo o lo que deseas comprar. Podemos hacerlo con bastante facilidad porque ya hemos establecido muchas relaciones a tu alrededor con tus posibles proveedores y receptores de dinero. Esto significa que simplemente necesitamos activar cualquiera de esas relaciones, que son simplemente conexiones, para permitir que el dinero y los bienes fluyan en sus direcciones correctas.

Esta es una razón por la cual es tan importante que tengas la apertura y receptividad que hemos descrito anteriormente. Porque cuando cierras tu corazón, o te vuelves poco receptivo, no podemos activar tu extremo de la conexión. Es como intentar llamar a un teléfono que se ha desconectado.

¿Cómo sucede esto?

Ya describimos cómo cierras la conexión cuando sientes que no puedes pagar algo. Te infunde un sentimiento de decepción y negatividad que nubla la transmisión de nuestra entrega y nos impide entregarte el dinero en efectivo o lo que deseas tener. A veces, permite que se realice una cierta cantidad de entrega y luego obtienes algo de dinero o una versión inferior de lo que deseas, pero necesitas saber que siempre puedes obtener lo mejor, si lo deseas. Solo tienes que entender un poco cómo funcionan las conexiones, para no dañarlas ni causar interferencias en la línea.

A veces te sientes hostil y enojado por algo y quieres dañarte a ti mismo. Entonces, te castigas al no permitirte tener lo que quieres. Quizás estás enojado porque no lograste todo lo que esperabas; tal vez te sientes mal con otra persona que ha herido tus sentimientos y luego quieres privarte de obtener cosas buenas porque no te sientes bien contigo mismo. En esta situación, debes recordarte que sentirte hostil o enojado, ya sea contigo mismo o con otra persona, nunca te ayudará a obtener lo que realmente estás buscando. Puedes pasar horas, días, meses o incluso años enojándote con el mundo y contigo mismo, pero eso no te trae cosas buenas. Todo el mundo sabe esto dentro de su corazón; no obstante, muchas personas no se dan cuenta de cuán directamente les impide tener las cosas en la vida que realmente les gustaría tener y lamentan no tener.

Entonces, si te encuentras enojado u hostil, solo imagina que todos estos sentimientos te impiden recibir dinero y otras cosas, y esto te ayudará a cambiar tus sentimientos.

Puedes preguntarte por qué algunas personas que viven con gran enojo u hostilidad pueden ser muy ricas. La respuesta es simple. Si son ricos, saben cómo abrir el canal o la conexión al menos parte del tiempo. Saben lo que quieren y se mantienen abiertos y receptivos a recibir esa cosa. Pueden dirigir su ira y maldad a otras personas o circunstancias y aún así pueden recibir lo que quieren porque siempre se mantienen abiertos a eso.

Por supuesto, no es bueno para ellos, ni para otros, que estén enojados u hostiles, y eso tiene consecuencias, pero no necesitamos preocuparnos por eso aquí.

Simplemente queremos compartir contigo el hecho de que es un trabajo fácil para nosotros entregarte dinero y bienes materiales, porque todo ya está establecido y sólo necesita ser activado. Todo lo que necesitas hacer es permitir que la activación ocurra limpiamente, durante un período de tiempo, y la forma más sencilla de hacerlo es permanecer abierto y receptivo, sabiendo que obtendrás lo que deseas.

¿Puedes ser avaro?

Realmente no. Puedes pedir y recibir lo que quieras. Lo que percibes como avaricia es en realidad un desequilibrio en el uso de las cosas.

Si acumulas mucho dinero y no lo inviertes sabiamente, de manera que ayudes a otras personas a desarrollarse y ser más creativas, ya sea a través de negocios u otros medios, corres el riesgo de perder mucho dinero. Es como si la conexión del dinero –o la oferta– se atrofiara o se secara por falta de uso. Esto es muy arriesgado y, a menudo, confuso para las personas cuando les sucede, pero debes comprender que estas conexiones están vivas y deben alimentarse todo el tiempo a través del uso o la estimulación. Cuando se dejan intactas durante largos períodos, su vida se agota y, finalmente, el dinero desaparecerá, porque la conexión ya no está activa.

Lo mismo es cierto de las cosas. Es posible que tengas tantas cosas como deseas, pero no debes dejar que se acumulen sin usarlas, si deseas conservarlas. Este es un sistema natural de equilibrio que evita la descomposición y la corrosión en el sistema de suministro. Sin embargo, no necesitas preocuparte por estos problemas si sigues nuestras instrucciones, porque siempre mantendrás el suministro vivo y activo y siempre encontrarás uso para tu dinero y tus cosas.

7
Tus compromisos financieros

Tus compromisos financieros no siempre son como esperas que sean.

Tu primer compromiso financiero es querer cosas, amar tener cosas y disfrutar realmente el proceso de obtener más cosas. Esto no se debe a que las cosas en sí son tan importantes, sino que desearlas te da la oportunidad de crecer y experimentar el placer de obtenerlas. Este es realmente el placer del universo –no sólo el tuyo–: asegurarse de que obtengas todo lo que deseas tan rápido y sin problemas como lo permitas.

Tu segundo compromiso financiero es pagar el valor total de lo que compres. Esto no significa que debes pagar el precio más alto. Tampoco significa que tengas que pagar por encima del precio si es que valoras algo en gran medida. Hay muchas formas de pago y vamos a explicar algunas de ellas aquí.

Cuando compras algo que es muy valioso para ti, tal vez mucho más que su precio comercial, puedes aumentar el pago, no en efectivo, sino con agradecimiento. Tu agradecimiento a quien lo suministró es una parte pequeña; mucho más importante es el aprecio por eso que compartes con quienes te rodean.

Dos cosas suceden cuando muestras aprecio. En primer lugar, tu energía se vuelve muy dulce y fluida y tú suministras esta dulce energía de regreso al universo que te suministró la cosa inicialmente. Esta energía es el medio de intercambio con las otras dimensiones del universo, es mucho más valiosa que tu dinero, y cuanto más das de ella, más recibes a cambio. Ya este solo hecho es más que un intercambio justo. Además, la segunda cosa que sucede cuando aprecias abiertamente lo que has comprado es que tus amigos y colegas pueden ir a comprar lo mismo que tú, lo que genera más negocios para el vendedor. Es mucho más valioso para el vendedor que traigas a cinco amigos para comprar algo, a que tú mismo pagues más. Y si tus amigos también lo aprecian, las ondas se extenderán muy rápido, y esto beneficiará a todos.

Entonces, ¿qué sucede cuando compras algo pero sientes que vale menos de lo que pagaste? Bueno, si no lo aprecias o si te sientes engañado o enojado, perderás el beneficio de expresar tu agradecimiento, por lo que es mejor cambiar la situación. En lugar de apreciar lo que compraste, ya que no tiene sentido pretender que es más valioso para ti de lo que sientes, puedes apreciar la oportunidad de aprender al cometer un error. Sé breve, simple y sincero, y pasa a otras cosas más grandes rápidamente. ¡El vendedor pronto aprenderá su lección cuando haya una escasez de clientes!

Tu tercer compromiso financiero es solo comprar lo que realmente valoras y puedes pagar.

Ya hemos explicado cómo obtener lo que te gustaría tener de una manera muy segura y simple, por lo que no hay necesidad de engañarte a ti mismo endeudándote para comprar cosas demasiado pronto. Un poco de paciencia y felicidad te traerán las cosas tan rápido y con tanto disfrute y placer que es una pena sacrificar esto por un poco de velocidad y mucha preocupación.

Esto no quiere decir que nunca debas pedir prestado, usar tarjetas de crédito o estar dispuesto a pagar más. Todas estas son herramientas legítimas del mundo financiero. Pero es prudente evitar contraer compromisos y contratos que no estés 100 %

seguro de cumplir. De esta manera mantienes la tranquilidad en todo momento.

Por supuesto, puedes aplicar la misma metodología para pagar deudas que para comprar un abrigo y, si lo haces, funcionará perfectamente.

Nuestro consejo para ti en este momento, como estudiante, es practicar primero en las cosas más pequeñas para que realmente puedas dominar este método simple de obtener cosas y luego, naturalmente, aumentará tu escala y habilidad sin volverte codicioso o demasiado ambicioso. El puro placer de lograr las cosas a través de este método te llevará siempre hacia delante, de la manera más natural.

8
Salir de deudas

La deuda es un problema para muchas personas y necesitas aclarar qué es una deuda y qué puedes hacer al respecto.

Cuando te endeudas, efectivamente recibes una inyección de energía. Estás comprando por adelantado alguna capacidad, servicio o producto cuando tu energía aún no ha alcanzado el nivel requerido para adquirir esa capacidad, servicio o producto mediante un simple pago.

En principio, no hay nada malo en esto. Si es parte de un enfoque disciplinado para las finanzas y el desarrollo personal, de vez en cuando puedes usar el endeudamiento para acelerar el logro de objetivos específicos, sabiendo que estás en un camino muy seguro para poder pagar la deuda porque eso es parte del proceso de desarrollo personal en el que estás trabajando.

Sin embargo, la mayoría de las veces las personas se endeudan casi "por error". No existen planificación o conocimiento verdaderos de si pueden pagar la deuda adecuadamente y no hay una claridad real sobre si lo que están comprando es de tal valor que vale la pena correr ese riesgo.

Cuando te endeudas de esta manera, debes manejar un nivel de energía que aún no es natural para ti: esto es lo que significa "vivir más allá de tus posibilidades". Puede ser muy desconcertante e incómodo y comienza a causar preocupación y pensamientos negativos. Hemos explicado en otra parte cómo la preocupación tiene un efecto negativo en tu capacidad de recibir dinero, por lo que es fácil ver en esto por qué la deuda puede escaparse de las manos si no se toma con una clara conciencia, en primer lugar, del propósito del préstamo.

Muchos de ustedes, ahora, se han endeudado tan profundamente que ya no tienen idea de cómo salir de esa situación. En un intento por no preocuparse por eso, se esconden de ella, esperando que desaparezca si no la miran.

Por extraño que parezca, desaparecerá si no la miras, pero no en la forma en que lo estás manejando ahora. Debes saber que el universo tiene un sistema muy claro para medir cada latido, cada respiración, y cada centavo adeudado. Este no es un castigo pesado sino un cálculo simple, y donde hay deudas hay un desequilibrio.

Alguien ya te ha dado algo, pero no le has pagado por ello. Has recibido los bienes o servicios pero aún no has dado nada a cambio.

Como en todas las cosas, es necesario restablecer el equilibrio y esto, efectivamente, sucederá pagando tu deuda. Sin embargo, no debes tener miedo, porque puedes lograrlo tan fácilmente como puedes comprar el abrigo que te gustaría tener.

El primer paso es cambiar tu actitud. La mayoría de las personas con deudas tienen miedo y están preocupadas de que nunca podrán pagarlas. Otros pueden encontrar formas legales de salirse de la deuda financiera, pero no logran salir tan fácilmente del desequilibrio.

Y este desequilibrio afecta tanto a la persona que otorgó el crédito inicialmente –a quien aún no se le ha pagado–, como a la persona que se endeudó.

No importa aquí si estamos hablando de una empresa o un individuo: la cuestión del equilibrio o desequilibrio afectará a todos en una empresa, en mayor o menor medida, dependiendo de su nivel de responsabilidad, por lo que debe abordarse de la misma manera.

Entonces, ¿cómo pagas deudas que pueden parecer tan grandes que apenas soportas enfrentarlas?

La respuesta simple es decidir no solo que es correcto pagarlas, por más tarde que sea, sino que te encantaría hacer esa devolución. De hecho, nada te daría un mayor placer que haber pagado cada centavo que debes desde hace mucho tiempo, y restaurar el equilibrio natural del universo.

Como siempre, es el sentimiento de *amor* lo que te abrirá la puerta para que puedas lograr esto, por lo que debes ser sincero. No puedes odiar a tus acreedores, ni tenerles miedo ni avergonzarse de ti mismo.

Ármate de coraje, cuenta cuánto debes, haz frente a la responsabilidad y di, sinceramente, que te *encantaría* pagar tus deudas en su totalidad.

No tengas miedo de que te quedes en la ruina como resultado, o de que tendrás que vivir con muy poco dinero durante años.

El universo no funciona de esa manera. Tan pronto como te permitas sentir que realmente te *gustaría* pagar tus deudas, comenzarán a surgir oportunidades para ayudarte. Y la recompensa por tu decisión es que obtendrás más que lo que debes, mucho más. Esa es la ley y es tu recompensa, por lo que ya no tienes que tener miedo de ninguna deuda.

Habla sinceramente con tus acreedores. No te comprometas demasiado con ellos ni trates de ser heroico. No les prometas menos en un intento de cubrir tus apuestas. Simplemente diles que tienes la intención de pagarles tan pronto como puedas. Pide su paciencia. Sé amigable y deja todos los rastros de vergüenza. Solo la ignorancia te metió en la situación que ahora enfrentas y este nuevo conocimiento ya te está llevando a salir de ella.

En la mayoría de los casos, tus acreedores lo entenderán y te agradecerán por ser honesto con ellos. Cualquiera que se mantenga molesto, enojado y agresivo hacia ti tiene problemas personales, y es mejor si te involucras lo menos posible con alguien así, por tu propio bien. Continúa asegurándoles que les pagarás. Mantén una posición abierta, incluso si te amenazan. Continúa aferrándote a *amar* para reembolsarles incluso a los acreedores a quienes les tienes más miedo. Y sigue el procedimiento para comprar el abrigo que deseas.

– Debes saber que ya estás en camino de pagar tus deudas y sé feliz y agradecido por ese hecho.

– Nunca sientas que no puedes pagar.

– Tienes que saber que el dinero ya está en camino.

– No seas demasiado ambicioso y trates de pagar antes de poder hacerlo cómodamente.

– Y cuando puedas pagar, hazlo con el corazón despejado, sin rencor ni resentimiento.

La mayor recompensa no será económica, sino recuperar el equilibrio. Esto te permitirá avanzar en tu vida y dejar atrás todos tus problemas financieros. Ese es un premio que vale la pena alcanzar.

Comprender el verdadero valor

9
Gastar dinero

Gastar dinero es otro tema que puede causar algunas sorpresas, ya que vemos que muchos de ustedes no lo tienen muy claro.

Debes comprender que cuando gastas dinero estás intercambiando energía con la persona a quien le compras.

Esto significa que has acumulado tu energía hasta cierto nivel para tener ese dinero en primer lugar. Y el vendedor también ha acumulado su energía hasta cierto nivel para tener lo que deseas comprarle.

Por ejemplo, si quieres comprar una casa nueva y trabajas durante dos años y ahorras tu dinero para poder pagar un depósito, gastaste mucha de tu propia energía a cambio de ese dinero. Pero también desarrollaste tu capacidad energética a medida que ganaste capacidad y habilidad, no solo para ahorrar dinero sino también en tu trabajo.

El aumento de dinero es una manera simple de mostrar el valor de la energía que gastaste y la capacidad de energía que aumentaste.

Si no tienes suficiente energía, no puedes trabajar para ganar dinero, no puedes ser lo suficientemente claro y disciplinado para ahorrar parte de ella y no puedes tener visión o entusiasmo para querer comprar una casa nueva.

Y, por otro lado, el vendedor tiene sus propios deseos y visión, así como el trabajo que ha realizado para tener algo que vender.

Entonces, cuando intercambias energía de esta manera, gastando algo de dinero para comprar algo, hay una gran diferencia en lo que compras, porque cada compra puede valorarse de maneras muy diferentes.

Supongamos que compras algo que tiene un enorme valor para ti ahora y que seguirá siendo valioso para ti durante unos 5 años. Puede ser un automóvil o un par de zapatos o una planta para tu jardín.

Compara esto con algo que compras ahora y que tiene un gran valor en este momento, pero no dura mucho tiempo, como una comida, una película o un masaje.

Luego, hay otras cosas en las que el valor está en un futuro lejano y que tienen poco o ningún valor ahora, como una pensión, una póliza de seguro o un terreno para construcción.

Cuando compras algo, haces un cálculo sutil del valor de esa cosa para ti, teniendo en cuenta su efecto en tu vida, ahora y en el futuro.

Pero hay otra parte que afecta la valoración de las cosas que compras, que es lo más importante y ese es el valor que pones en ti mismo.

Por ejemplo, piensa en todas las ocasiones en que no te aprecias mucho y compara la forma en que gastas dinero entonces con la forma en que te sientes cuando te encuentras contento y feliz contigo mismo.

Algunas personas compran cosas que saben que las dañarán a largo plazo, como cigarrillos o drogas, simplemente porque no se valoran lo suficiente a sí mismas ni valoran sus propias vidas.

Otras personas ponen su dinero en cosas que les darán placer a largo plazo, como el arte o la arquitectura, porque valoran su propia experiencia.

Todos tienen un sentido diferente del valor y valoran cosas distintas. Esta es una de las cosas que los hace diferentes entre ustedes; pero debes comprender mejor cómo se hacen los cálculos para gastar dinero, si deseas estar más satisfecho con la forma en que usas tu dinero.

Hay una fórmula para gastar que sería así.

Si tu valor propio + el valor del objeto = precio, *entonces* compra.

Si tu valor propio + el valor del objeto > precio, *entonces* no compres

Si tu valor propio + el valor del objeto < precio, *entonces* no compres

Si el valor que te pones a ti mismo + el valor que percibes en la cosa que quieres comprar está cerca o es igual al precio, comprarás fácilmente.

Si el valor que pones en ti mismo es mucho más alto que el precio de las cosas que estás mirando, dudarás en comprar porque el intercambio no te parece igual.

Si el valor que percibes de algo es mucho más alto que el precio, aunque te guste el precio más barato, te resultará difícil comprarlo porque la combinación no está allí.

Del mismo modo, si te valoras muy por debajo del precio, se sentirá demasiado caro para ti, incluso si puedes pagarlo, o si no valoras la cosa tan alto como su precio, tampoco te interesará comprar.

Esto es muy obvio en algunas situaciones. Si te encanta la música, pero no te gusta leer, te resultará fácil comprar un CD por $15, pero te resultará difícil comprar un libro por el mismo precio, a pesar de que ambos artículos tienen precios justos por lo que son.

Del mismo modo, si sientes que no mereces vivir en una casa bonita porque careces de confianza y autoestima, ni siquiera irás a mirar las casas caras del mercado, incluso si tienes suficiente dinero para comprar lo que quieras.

Por lo tanto, nuestro sistema de valoración es muy preciso y equilibrado, pero debido a que generalmente no te das cuenta de los valores que te asignas a ti mismo y a cosas particulares, no siempre lo usas muy bien.

Tómate un tiempo para observar tu comportamiento de gasto y ver cómo otras personas también gastan el dinero. Míralo en los términos que hemos estado describiendo para ver la fórmula en acción.

Intenta comparar a dos personas que buscan el mismo artículo o servicio, y observa cómo cada una toma una decisión sobre qué versión del artículo o servicio terminan comprando, o incluso si compran o no. Mira quién compra las versiones más baratas y caras de las cosas para ver si entiendes por qué.

Al hacer estas observaciones, comprenderás tu propio sistema de valoración personal mucho mejor y sentarás las bases para tomar decisiones de gasto satisfactorias con tu propio dinero.

10
Dinero y valor

El valor es uno de los conceptos más fundamentales asociados con el dinero y uno que debes comprender y apreciar si deseas alcanzar tu máximo potencial.

Tu sentido del valor y tus valores determinan el nivel de tu riqueza y la cantidad de vida material que puedes disfrutar.

Hay varios aspectos a valorar que debemos tener en cuenta para obtener una imagen completa.

En primer lugar, está el valor que le das a las cosas: cualquier cosa particular que encuentres en tu vida. Por ejemplo, si te gusta coser, le darás un valor mucho mayor a las piezas de tela que alguien que odia coser. Si te gusta pescar, valorarás las cañas de pescar y los aparejos, mientras que alguien que no esté interesado en la pesca no verá que una caña de pescar tenga valor alguno.

Esto puede parecer obvio, pero es importante distinguir entre valor y precio. La caña de pescar tiene el mismo precio para cualquier persona, pero tiene un valor fundamentalmente diferente para dos personas diferentes. Y lo mismo puede decirse del penthouse o del Rolls-Royce. Si amas el campo y disfrutas conducir fuera de la carretera, ni un penthouse ni un Rolls-Royce tendrán mucho valor para ti, a menos que estés interesado en ellos para algún propósito de inversión.

Entonces, una parte del valor está determinada por tus intereses y por las áreas o aspectos de la vida que más valoras.

Pero hay otra parte crítica en la forma en que valoras las cosas, y es cuánto te valoras a ti mismo.

Tomemos dos mujeres mirando un hermoso vestido. Ambas se enamoran del vestido y les encantaría tenerlo. Una de ellas se siente muy bien consigo misma y decide de inmediato que quiere comprar el vestido. La otra mujer carece de confianza en sí misma. Aunque ama el vestido tanto como la otra mujer, no está segura de con qué frecuencia lo usará o si se verá bien en él. Ella siente que no se lo merece. Entonces, incluso si tiene más dinero que la otra mujer, es menos probable que lo compre. Si las dos mujeres continúan reaccionando de esta manera, la mujer más segura terminará con mucho más que la otra mujer y tendrá más medios de disfrute disponibles para ella.

La forma en que te valoras a ti mismo tiene un profundo efecto en la forma en que valoras las cosas materiales que te rodean, y a largo plazo afectará la forma en que vives. Entonces, ¿qué puedes hacer si eres una de las personas que carecen de confianza en sí mismas?

En primer lugar, debes darte cuenta de que el mundo también fue hecho para ti. Eres una parte tan completa del mundo como cualquier otro ser humano y mereces tanto como cualquier otra persona en el mundo.

¿Por qué?

Porque nunca fuiste creado para ser infeliz o insatisfecho. Si pudieras ver el orden detrás del mundo material que experimentas, te sorprenderías y deleitarías de cómo todo está organizado para complacerte; cómo hay un suministro constante de cosas y experiencias buenas y hermosas que se te ofrecen; cómo aparentemente todo el universo se está alineando para cuidarte y darte todo lo que deseas.

"¿Cómo es que no podemos ver esto?" dices tú.

Porque ves otras cosas. Miras la belleza de la naturaleza, pero ves la destrucción causada por algunos de tus semejantes. Miras la magnificencia de una ciudad moderna y ves tráfico, ruido o contaminación. Ves el poder de una gran multitud de personas y solo eres consciente del ruido o las molestias.

A veces ves tus propias deficiencias mucho más grandes que todo lo que sucede en tu vecindario, tu país o tu planeta. Tus problemas han crecido a proporciones tan grandes que se apoderan de tu vista y nublan tus ojos, por lo que ya no puedes ver lo que realmente sucede a tu alrededor.

Cuando tus problemas parecen más grandes que todo lo demás, por supuesto, comienzas a sentirte inferior o mal contigo mismo. La valoración de ti mismo baja de toda proporción y esto también afecta la forma en que ves todo.

Entonces, ¿qué puedes hacer?

Nadie quiere sentir que sus problemas son tan grandes en comparación con todo lo demás. Nadie quiere ser negativo o sentirse mal consigo mismo, pero una vez que estás en esta situación, es difícil saber cómo salir de ella.

Son pequeños pasos simples los que funcionan mejor. Encuentra una cosa cada día que valores de ti y anótala. Asegúrate de que sea algo diferente cada día. Lee la lista todos los días, hasta el final. Haz esto todos los días sin falta, siempre encontrando algo diferente que valorar acerca de ti y siempre leyendo la lista completa. Al principio puede parecer extraño o incómodo, pero sé persistente. Es fácil y lleva muy poco tiempo. No te cuesta nada y gradualmente, día a día, descubrirás que la forma en que te valoras a ti mismo va aumentando lentamente y tu sentido de autoestima crecerá. A medida que esto continúe, comenzará a impactar las decisiones que tomes y eventualmente te sentirás realmente bien contigo mismo.

¿Te imaginas hacer esto todos los días durante sólo un año y terminar con 365 cosas diferentes sobre ti que valoras? Como resultado, no puedes evitar cambiar y hacerte más rico.

Por lo tanto, recuerda que la fórmula para la valoración de las cosas en tu vida depende tanto de lo que te interesa (tus "valores"), como de tu valoración de ti mismo. Y cuanto más te valores, más te darás en la vida y, a su vez, más personas te darán a ti también.

No te preocupes si te vuelves arrogante u orgulloso al valorarte más. Si solo pudieras ver qué valor se le da a tu vida en los mundos que no puedes ver, entenderías que es natural y correcto que le des el mayor valor posible a tu vida, porque sólo entonces puedes realmente desarrollarte al máximo y experimentar tu potencial más rico.

11
El dinero no es limitado

Mis queridos seguidores, los amantes del dinero y aquellos que no están tan seguros del dinero. Solo recuerden en todo momento que no soy como a menudo me han representado: el diablo, la fuerza corruptora en tu sociedad, la fuente del mal.

Es cierto que muchas personas han hecho muchas cosas malas en aras de acumular más dinero, pero todo esto se basa en malentendidos sobre mi naturaleza.

Soy, como he dicho muchas veces antes, una energía. Te proporciono motivación. Te doy un sistema simple para medir tu sistema de valores y para compartir tus recursos de manera equitativa. Me he vuelto muy poderoso en tu sociedad porque he creado el mejor sistema hasta ahora.

No te preocupes, ya estoy trabajando en sistemas mucho mejores para el futuro, pero no podrán usarlos hasta que más de ustedes hayan reconocido mi verdadera naturaleza y me estén usando correcta y exitosamente, y lo sabrán cuando el mundo no tenga un problema significativo con la pobreza.

Puedes pensar que tomará demasiado tiempo, pero solo se necesita una pequeña pero crítica masa de personas que usen el dinero de la manera simple que describo en este libro y el cambio sucederá con bastante rapidez. Mientras tanto, lo mejor que puedes hacer es ocuparte de tus propios asuntos financieros y asegurarte de que nunca te veas obstaculizado por la falta de dinero, en cualquier cosa que quieras hacer.

El dinero es una fuente de energía muy creativa y te ha permitido crear excelentes sistemas, desde tus sistemas sociales y económicos hasta tus sistemas de educación y salud. Sin dinero para alimentar los miles de millones de transacciones que tienen lugar todos los días en tu mundo, nunca hubieras podido crear sistemas tan sofisticados y complejos como ahora.

Sin embargo, tú estás ralentizado todo el tiempo por tu creencia de que el dinero es limitado. Tus principales sociedades occidentales ahora están tambaleándose bajo el impacto de una llamada recesión y la gente en todas partes dice todos los días: "No puedo pagarlo". "No podemos pagarlo". "Tendremos que esperar hasta que podamos pagarlo". Y así sucesivamente.

No se dan cuenta de que hay tanto dinero como quieran para cualquier propósito que deseen. No es limitado. El dinero se crea a partir de la energía del deseo humano y el amor por las cosas. Cuanto más quieras y ames, más dinero necesitas y más dinero se crea para que lo uses.

Tus economistas pueden contarte otra historia. Algunos de tus muy ricos también te dirán que no funciona de esta manera.

Pero bueno, si el planeta, la naturaleza y todas esas personas pueden ser creadas, crear un poco de dinero es un trabajo mucho más fácil.

¿Entonces, qué significa todo esto?

Simplemente significa que puedes comenzar a elevar los límites de tu visión y permitirte esperar y crear más dinero, más riqueza y más diversión.

Olvida todas las historias sobre cómo el dinero corrompe. Es la creencia de que el dinero es limitado lo que corrompe y crea competencia, fraude y robo.

No hay necesidad de competencia. No hay necesidad de engañar a la gente por dinero o robar dinero. Cuando hay más que suficiente para todos, el único trabajo es dominar el arte de crearlo.

Avanza. Es divertido. No es desalentador ni difícil. Todos ustedes pueden hacerlo. Incluso los niños pueden leer lo que estamos escribiendo aquí y ponerlo en práctica.

No queremos escuchar más quejas de que no hay suficiente. Hay más que suficiente para que todos ustedes sean multimillonarios si así lo desean, y eso es solo el comienzo.

Tu trabajo es crear y disfrutar. Hay tanto qué aprender una vez que comienzas que no necesitas perder el tiempo haciendo otra cosa.

Recuerda que somos ilimitados. Siempre estamos disponibles para cualquiera que nos quiera. Nunca abandonamos nuestro deber ni dejamos a nadie cerrado a la oportunidad de ganar más dinero o comprar más cosas. Es nuestro mayor placer proveerte más y más cosas y ayudarte en tu creatividad.

Ve a jugar.

Deseo de dinero

12
Deseo de dinero

Queremos hablar contigo sobre el deseo de dinero y el deseo de cosas. Hay mucha confusión en esta área, especialmente cuando se usa la palabra exacta "deseo", ya que las religiones a menudo han enseñado que cualquier deseo de dinero o material es malo o impuro.

El deseo es una parte natural de la vida humana y cada deseo tiene su propósito. Cuando deseas dinero o deseas comprar algo, esa es la motivación más natural para crecer y desarrollarse. El deseo siempre tiene que ser lo primero, de lo contrario permanecerás igual durante toda tu vida y eso va en contra de la verdadera motivación de la naturaleza.

¿Te imaginas un bebé que no tiene ganas de beber? ¿O un niño que no desea objetos atractivos para jugar? Es ese deseo lo que hace que el niño pequeño se estire y alcance cosas que están más allá de su alcance, o hace que el niño mayor expanda sus habilidades en una bicicleta o patineta nuevas. ¿Te imaginas a un adolescente que no desea zapatos nuevos, ropa de moda o los últimos dispositivos? Estos deseos son naturales y hacen que siempre busquemos más en la vida, por lo que se debe alentar a todos los jóvenes a querer y también a encontrar una manera de obtener cosas nuevas. No hay virtud en "no tener". Se basa en la ignorancia del dinero y la falta de experiencia para obtener lo que deseas.

Una vez que el deseo es fuerte, surge la necesidad de encontrar formas de obtener o ganar dinero y esto es una gran motivación para que las personas hagan cosas. A muchas personas les encantaría quedarse en casa sin trabajar o estar de vacaciones todo el tiempo sin hacer nada por nadie más. Pero cuando vas a trabajar para ganar dinero conoces a personas que de otra manera nunca conocerías y haces cosas que de otro modo nunca harías. Brindas servicios a la gente y ayudas a las personas y haces productos para ellas. Por lo tanto, te ves obligado a abrirte más allá de tu familia y tu esfera de influencia normal. Esto es bueno para ti, aunque a muchos de ustedes no les guste.

Pero no tiene por qué ser igual que en el pasado. Muchos de ustedes sienten que tienen poco futuro repitiendo constantemente el mismo trabajo una y otra vez. O trabajas en un rol que está muy por debajo de tu capacidad y nunca te sientes satisfecho. O trabajas demasiado y te agotas, e incluso envejeces o te enfermas por trabajar demasiado. Estas no son las únicas formas de trabajar y cada vez más personas están demostrando que es posible trabajar con gozo, diversión y placer.

Si te encantara ir a trabajar y esperaras con ansias todos los días a las personas que vas a conocer y las experiencias que vas a tener y las recompensas que vas a recibir; si sintieras que al trabajar te estás desarrollando y aprendiendo y apuntando a tu verdadero potencial y convirtiéndote en una persona cada vez más grande, nunca te quejarías de ir a trabajar. Te encantaría trabajar y te encantaría servir a las personas y te gustaría salir de tu entorno cercano familiar. Experimentarías estimulación, motivación y creatividad en el trabajo. Sentirías que todo lo que haces es enriquecerte a ti mismo y ayudar a otras personas, como tu jefe y tus colegas, a lograr sus objetivos y todo esto te daría placer.

Vamos a compartir más con ustedes sobre trabajar y ganar dinero en el futuro, pero debemos enfatizar que todo comienza con el simple deseo de tener más: más cosas, más aprendizaje, más experiencias, más diversión y más vida. Sin este deseo por más cualquier trabajo que hagas, ya sea porque tienes que hacerlo o no puedes permitirte no hacerlo, carecerá de sentido o propósito y nunca, nunca, te dará satisfacción.

Así que no tengas miedo de dejar que tus deseos florezcan y comienza a practicar todo lo que te estamos enseñando porque pronto, también, estarás transformando tu forma de trabajar y entonces obtendrás mucha más felicidad y satisfacción.

13
No hay límites

¿Cuál es la diferencia entre los consejos que se dan aquí y otros consejos financieros y comerciales?

La clave es que acá estamos mirando cómo ganarás dinero en el futuro, mientras que la mayoría de los libros están viendo cómo la gente lo ha hecho en el pasado.

Todo está cambiando y desarrollándose constantemente en nuestro universo y esto incluye tus formas de ganar dinero. Si solo estudias lo que la gente ha hecho en el pasado, siempre te quedarás atrás con respecto a los cambios que están ocurriendo en este momento.

Las diferencias no son enormes, pero están ahí, porque eso es lo que sucede todo el tiempo. Por lo tanto, si deseas tener éxito en el futuro, es prudente aprender las formas futuras ahora y no perder el tiempo haciendo lo que siempre se ha hecho en el pasado.

Algunas personas piensan que las reglas para ganar dinero son leyes universales y nunca cambian, pero incluso las leyes evolucionan y cambian con el tiempo. Por ejemplo, en la época en que el trueque era el método principal de intercambio, las leyes que ahora rigen las tarjetas de crédito y las transacciones basadas en Internet no eran necesarias.

Ahora, tu enfoque para ganar dinero se basa en gran medida en lo que deseas para ti y tu familia, pero estamos entrando en un período en el que se te pedirá que tengas una visión más amplia, si deseas tener éxito. No se trata sólo de tu pasión o tus metas y sueños personales. Se trata de ser agentes del gran cambio que se está produciendo en todo el mundo.

Cuando concibes una visión para el cambio, a fin de desarrollar un aspecto de tu sociedad, no solo parte de tu propia vida, estás alineado con las fuerzas del universo que están comprometidas a ayudar a tu mundo a cambiar y esto es lo que te hará exitoso en el próximo período. Recibirás apoyo adicional, mientras que aquellos cuya visión todavía se basa esencialmente en sus propias necesidades personales seguirán recibiendo apoyo, pero ya no estarán en la parte superior de la lista de prioridades.

¿Cuál es el cambio que está teniendo lugar?

Como seres humanos, están siendo invitados a comprender un gran "secreto" que no ha sido ampliamente entendido y que es, simplemente, que *nada es limitado*.

Tus sistemas sociales y económicos se basan en una noción de recursos limitados. Tus mayores temores como planeta en este momento son que tus recursos se agotarán. Tú crees que tus principales desafíos son salvar tu medio ambiente, luchar contra la pobreza y poner fin a las guerras.

Pero estos mismos desafíos se basan en un malentendido de la naturaleza de la vida y el material. Hemos dicho repetidamente que el dinero no está limitado. Hay suficiente para que todos se conviertan en multimillonarios si lo desean y hay mucho más que eso. Tu entorno tiene poderes ilimitados de autocuración y autoregeneración; tus pobres pueden acceder a riqueza financiera y material ilimitada; y hay recursos ilimitados disponibles para que nadie necesite luchar por la tierra o cualquier otra cosa.

Pero tu psicología tiene tan profundamente arraigada la creencia de que tus recursos son limitados que te resulta difícil incluso imaginar que no es así. Entonces, el gran cambio que está en camino es permitir que muchas más personas experimenten que la vida es ilimitada y, así, que experimenten una forma muy diferente de vivir.

Si realmente tienen recursos ilimitados y poder de curación ilimitado para ustedes y su planeta, ¿por qué querrían perder el tiempo luchando por la tierra o preocupándose por salvar el planeta?

Estos escritos son simplemente para llegar a una sección diferente del público –muchas personas que no han estado expuestas a estas ideas anteriormente– y darles algunas herramientas para comenzar a explorar una nueva forma de entender y usar el dinero.

La belleza de este cambio que está teniendo lugar es que podrás pasar tu tiempo haciendo cosas diferentes. Te sentirás mucho más inspirado, más feliz y mucho más motivado, y esto te llevará a ser creativo. Comenzarás a sentir que puedes crear dinero, disfrutar y crear lo que quieras y una vez que pruebes esto, nunca querrás volver al viejo mundo de la competencia, la manipulación y la obligación.

Pero ahora no te preocupes por la filosofía. Estás dando tus primeros pasos en un mundo nuevo y todo lo que necesitas hacer es encontrar el simple placer de aprender algo nuevo y probar una forma diferente de ganar y gastar dinero.

14

Pedir dinero

¿Cómo pides dinero?

Muchos de ustedes tienen miedo de pedir dinero, por lo que los ayudaremos a superar este miedo y tener la confianza de pedir dinero cuando lo deseen.

Lo primero que debes entender es que el dinero no está limitado. Cuando tienes miedo de pedir dinero, tu miedo nace de la creencia de que no sólo el dinero es limitado, sino que no mereces una gran parte de esa cantidad limitada de dinero. Este es un doble malentendido.

Imagina por un momento, si puedes, cuán grande es el universo. Y ahora intenta imaginar cuántos planetas, estrellas y otros objetos se mueven en el universo. ¿Y sabes que se crean nuevos planetas, estrellas y galaxias todo el tiempo?

No hay límite para la cantidad de estrellas que puede crear el universo porque tampoco hay límite para cuántas estrellas puede contener. El universo es infinitamente expandible e infinitamente creativo, por lo que las estrellas, los planetas y otras cosas similares son fáciles de producir en miles de millones.

Entonces, si las estrellas se pueden crear infinitamente, ¿por qué debería limitarse algo tan pequeño como el dinero? La tierra es parte del universo en expansión. Todos los seres humanos son parte de la tierra que forma parte del universo en expansión. Eres parte del sistema que se expande infinitamente. No puedes separarte de él y vives y operas según las mismas reglas que cualquier otra cosa en el universo, y una de esas reglas es la capacidad de expansión infinita.

El dinero se genera, como hemos explicado en otra parte, mediante la prestación de servicios de un ser humano a otro. ¿Te imaginas realmente que hay un límite en la cantidad o el valor del servicio que pueden brindarse entre sí? ¿Existe un límite para las nuevas ideas que puedes tener, los nuevos problemas que necesitas resolver y las nuevas experiencias que deseas crear?

Estás emergiendo de una parte de la historia (en los últimos miles de años) en la que muchos seres humanos han estado y siguen viviendo en una gran pobreza con recursos financieros muy limitados. Pero no tiene que ser así. Este fue el resultado de muchas elecciones que se tomaron a nivel grupal e individual hace mucho tiempo, pero esas elecciones no son permanentes y se pueden hacer nuevas elecciones en cualquier momento.

Entonces, es hora de que reconsideres tu enfoque del dinero y comiences a creernos cuando decimos que es ilimitado y descubras cuáles son las consecuencias de ese hecho, tanto para ti como para tu sociedad.

Y ahora, para el otro punto. ¿Te mereces tener dinero? Por supuesto; si el dinero es ilimitado, ya es obvio que no necesitas compartirlo entre las personas ni ser modesto en la cantidad que tomas para no privar a nadie más. ¡Eso es obviamente tonto! Pero el hecho de que el dinero sea ilimitado no significa que todos tengan la misma cantidad. Todavía es necesario que domines la tecnología de hacer y gastar dinero si deseas disfrutar al máximo.

Solo piénsalo por un momento. Dijimos en otra parte que quienes *ganan* mucho dinero *brindan mucho servicio* a otras personas; y aquellos que *gastan* mucho dinero *crean mucho servicio* para ser brindado por otros. Entonces, si dices que no mereces mucho dinero, eso significa, en efecto, que no deseas proporcionar ni crear mucho servicio. Cuando lo ves de esta manera, queda claro de inmediato que el enfoque "No lo merezco" es fundamentalmente egoísta y, de hecho, muy poco atractivo para la mayoría de las personas. Parece una posición muy moral *si* el dinero es limitado *y* aún no has tenido la oportunidad de proporcionar mucho servicio de valor. Pero como el dinero es ilimitado, no hay ninguna virtud en moderar tu parte de él. Y decir que no deseas proporcionar o crear ningún servicio en tu vida es optar por no divertirte.

Entonces, si tienes –en algún lugar dentro de ti– la creencia de que no debes pedir dinero porque de alguna manera no es moral, lee y relee esta sección hasta que llegues a ese momento de revelación en el que te des cuenta –en el centro de tu alma– de que puedes ganar todo el dinero que deseas, porque te brinda la oportunidad satisfactoria de compartir tus habilidades e ideas con otras personas y brindarles un servicio por el que estén dispuestas a intercambiar dinero. Y, por supuesto, también puedes gastar todo el dinero que desees, porque al gastarlo generas oportunidades para que otros brinden servicios y reciban dinero.

Verás, ¡el dinero realmente ayuda al mundo a girar!

Muchos de ustedes sienten que de alguna manera es inmoral hacer cosas principalmente por dinero. Por supuesto, el dinero en sí no es el objetivo final de nada. Es un sistema de valoración que ayuda al intercambio. Pero cuando veas que es el intercambio constante de servicio lo que hace que la vida humana sea interesante, agradable y creativa, nunca tendrás miedo de lidiar con el dinero o de incluirlo en tus negociaciones. Es una forma simple que permite que se realicen más intercambios entre más personas con mayor frecuencia, y por lo tanto hace que el mundo sea más divertido y hace que tu vida sea más animada.

No tengas miedo de pedir dinero, porque si te falta dinero estás limitando tu vida de una manera que no es necesaria y no te traerá alegría o diversión. Si otras personas, con quienes tratas financieramente, tienen miedo al dinero, puedes mostrarles gradualmente a través de tu ejemplo que no hay necesidad de tener miedo. Por tu creencia y comprensión de lo que estamos describiendo aquí, demostrarás a los que te rodean un enfoque diferente del dinero. La gente responderá. Te estudiarán y te harán preguntas y se interesarán en lo que estás haciendo. Te verán como un ejemplo porque no solo tendrás mucho dinero, sino que también te divertirás mucho.

Ganar dinero de la nueva manera es profundamente placentero y satisfactorio, y gastar dinero les da a otros la oportunidad de compartir ese disfrute y satisfacción.

Si no estás dispuesto a pedir dinero, te privas a tú mismo y a otros de la oportunidad de intercambiar y compartir lo que tienes por lo que deseas.

15
Dinero o felicidad

A veces te parece que tu sociedad está obsesionada con el dinero y que muchas personas desaprueban esto. Pero no es exactamente como lo ves.

Esa aparente obsesión con el dinero es un gran deseo de vida y disfrute que se expresa en una sociedad que aún no es capaz de cumplir ese deseo.

Las personas que están locas por ganar dinero quieren todas las cosas correctas. Quieren sentirse poderosos; quieren poder disfrutar de su vida material; quieren casas bonitas, autos rápidos, vacaciones exóticas y mucha libertad para poder hacer lo que quieran, al menos algún día.

Sin embargo, muchos de ellos trabajan tan duro y de manera equivocada, que se agotan en lugar de realmente divertirse; muchos de ellos son incapaces de alcanzar su potencial porque están tan concentrados en el dinero en sí mismo, que nunca se dan cuenta de cuántas maneras diferentes y excelentes hay de ganar dinero; algunos de ellos están decepcionados por aquello que encuentran cuando tienen la libertad de gastar dinero como quieran. Parece que nada puede darles la satisfacción que realmente están buscando.

Tú dices que esto se debe a que el dinero no puede comprar la felicidad, la paz, el amor, la salud o la satisfacción, pero nosotros decimos que esa no es la verdadera razón.

La verdad es que no has brindado los servicios que esas personas están buscando. Aquellos que tienen dinero realmente buscan salud, felicidad, paz interior y otras experiencias de calidad que no son materiales.

Los que tienen menos dinero generalmente están tan atrapados en tratar de ganar dinero o en despreciar a los que ganan dinero, que no pueden desarrollar los niveles de salud, felicidad y satisfacción para poder vendérselos.

¡Despierta!

Si no estás interesado en hacerte rico, pero realmente crees que la felicidad es más valiosa, ¡pruébalo! Te volverás muy rico (curiosamente) si realmente das tu energía para desarrollar la verdadera felicidad y estás dispuesto a compartirla. Te convertirás en un gran maestro y permitirás a aquellos con mucho dinero comprar la felicidad.

No pierdas el tiempo moralizando sobre el dinero: nunca conduce a nada positivo o satisfactorio. Simplemente decide si quieres concentrarte en ganar dinero primero; en este caso, te enseñaremos cómo hacerlo con placer y felicidad. O prefieres enfocarte primero en la felicidad; en ese caso te mostraremos cómo hacerte muy rico, como consecuencia de tu felicidad.

Ves, no hay nada de qué ser moralista. No hay nada qué criticar. Esa es la broma sobre el dinero. Han pasado siglos de moralización, pero finalmente te das cuenta de que el dinero conducirá a la felicidad y la felicidad conducirá al dinero.

16
El principio del aumento

El principio del aumento es un concepto totalmente fundamental si deseas sentirte sencillo y cómodo con el dinero. Nunca puedes manejar el dinero con éxito si no dominas la capacidad de aumentar.

Esto se basa en un principio fundamental de la vida –que hemos mencionado en otra parte– que es el del universo en infinita expansión. Esto significa que el universo está en constante aumento. Tú eres parte del universo y, lo que es más importante, tu vida se basa en los mismos principios que todo lo demás en el universo. Y uno de esos principios es "aumentar". Para desarrollarse, las cosas deben aumentar. Hagas lo que hagas, debes hacerlo con el principio del aumento. Si estás interesado en alcanzar la felicidad, debes aumentar constantemente tu felicidad; en otras palabras, debes buscar constantemente nuevos y mayores niveles de felicidad.

De hecho, el aumento ocurre como una serie de ondas, en lugar de en línea recta. Es más bien como respirar: un movimiento constante de aumento en forma de onda, seguido de disminución, pero siempre con un patrón predominante de aumento.

Te preguntarás qué sucede cuando envejeces y tu mundo parece encogerse. Si pudieras ver la verdad detrás de la vida humana, comprenderías que incluso las personas mayores están aumentando de muchas maneras. Pero debido a que generalmente no se construye este conocimiento de aumento en la comprensión general de la vida, no se lo reconoce. Mucho sufrimiento es causado por esta falta de reconocimiento.

Cuando puedas ver el movimiento ondulatorio de la vida y cuando aprecies el hecho de que todo está aumentando o expandiéndose, comenzarás a observar el impacto que tiene en tu propia vida. Nunca más podrás decir "Tengo suficiente". Si tienes suficiente de una cosa, es solo porque deseas aumentar algo más de mayor valor para ti.

Cualquiera que diga "Tengo suficiente" o que intente limitar su deseo de aumento, comenzará a sentir una fuerte sensación de resistencia, como si la vida estuviera en su contra. Las cosas pueden empezar a parecer que van mal más a menudo o puedes sentir que la vida se está volviendo muy difícil. De hecho, no es la vida la que está en tu contra, sino tú, que estás presionando contra el principio de la vida.

La vida siempre se está expandiendo. Es incapaz de encogerse. Por lo tanto, busca expresarse en formas en constante expansión, y ustedes, los seres humanos, son una de las formas para que eso suceda. Cuando te limitas, pones freno a la fuerza más poderosa del universo, la vida misma. ¿Es de extrañar que sea una experiencia incómoda?

Y lo mismo se puede decir cuando intentas quedarte quieto o estabilizar tu situación. ¿Te imaginas tratar de verter una masa de energía en rápida expansión y enormemente poderosa en un recipiente que no puede expandirse con esa energía? Ese eres tú cuando decides dejar de crecer. Y, por supuesto, eres tú quien se siente incómodo. La energía masiva y poderosa de la vida fluye constantemente y aumenta constantemente. Si no puede entrar en un ser humano, o está limitada en su movimiento, simplemente fluirá a otro humano.

Pero la persona que fue pasada por alto sentirá que, de alguna manera, "carece de algo", como que "debe haber más en la vida que esto".

¡Eso es exactamente correcto!

Ese es el punto que estamos señalando hoy: siempre hay más que esto.

Más es el principio. Siempre más.

Mientras estés siempre buscando más, estarás fluyendo con la vida. Cada vez que te detienes para estar más estable o decides que has tenido suficiente, comienzas a resistirte al enorme poder de la vida en expansión. No es sorprendente que sientas que te falta algo.

Es así.

Entonces, permítete apreciar lo hermoso que es que la vida se esté expandiendo. Significa que puedes crecer y desarrollarte constantemente a lo largo de tu vida. Comienza a desarrollar esta comprensión en tus sueños y experimenta el disfrute y el placer de fluir con la vida.

Aclaración

17
Comprender mejor el dinero

Mis queridos amantes del dinero y mis queridos amigos que quieren aprender sobre el dinero.

Los escucho preguntar por qué a veces digo "yo" y otras veces "nosotros". Desde nuestro punto de vista, no hay diferencia entre yo y nosotros.

Soy la energía del dinero, el fluido de tu sistema de intercambio. Somos las conexiones que permiten que tu dinero cambie de manos. Operamos absolutamente como uno, yo y nosotros, y no nos distinguimos unos de otros cuando actuamos y reaccionamos, porque cada uno de nuestros movimientos nos usa a mí y a nosotros. Es como tu dedo y tu mano. Operan como uno. Tu dedo es parte de tu mano. Tu mano es parte de tu dedo. Cuando tu dedo se mueve, tu mano también se mueve. Cuando tu mano se mueve, tu dedo también se mueve. ¿Hay alguna diferencia entre el dedo y la mano? Ambos tienen roles diferentes, pero son parte de la misma cosa.

Entonces, yo, como la energía de tu sistema de intercambio, estoy involucrada en cada elemento de transacción entre los seres humanos, incluso cuando no se usa dinero. Te doy tu sentido del valor, tus sentimientos de deber y que te deban y tu capacidad de dar y recibir.

Nosotras, las conexiones, permitimos que todas esas transacciones se realicen entre tú y otras personas. Te reunimos en el acto de intercambio. Te permitimos negociar, crear acuerdos mutuamente satisfactorios, crear contratos y tener sentimientos a largo plazo de deberle algo a alguien o que alguien te deba algo.

No soy igual a tu dinero físico y no es necesario que haya dinero para que yo esté trabajando contigo y para ti. Es la energía del intercambio en sí la que convoca mi presencia. Cuando le das valor a algo y quieres cambiarlo por algo que alguien más valora, me llamas a la existencia, como una forma de energía, para que el intercambio tenga lugar.

Esto puede sonar extraño si no eres consciente de que hay algo que guía y crea tu sistema de intercambio, pero así es como es. Sin la energía del intercambio, ni siquiera puedes tener la idea de intercambiar nada con nadie más.

Entonces, como pueden ver, el dinero, como lo llaman, es una energía muy poderosa y fortalecedora. Es mucho mayor que lo que describen como "dinero", que es el cálculo matemático que realizan del valor, así como la representación material de ese dinero que han creado.

Y en cuanto a las conexiones, somos un sistema complementario que trabaja en armonía con el dinero. A medida que el dinero se mueve, conectamos a las personas. Somos como traductores de valor entre las personas.

En muchos sentidos, cada uno de ustedes camina como una pequeña isla. Cada uno tiene su propia visión del mundo, sus propios valores y sus propias expectativas. También tienes tu propia opinión sobre otras personas y lo que valoran y esperan. A veces, tu visión es precisa, pero a menudo estás muy lejos de comprender a otras personas.

Debido a esto, necesitas que te conectemos con otras personas y que podamos traducir los puntos de vista, valores y expectativas entre ustedes.

De nuevo, puede sonar extraño, especialmente cuando hablamos en tu idioma. Nuestra experiencia y habilidad son muy diferentes de la experiencia humana. Nuestro papel es diferente. Estamos detrás de tu mundo visible. Tenemos muchas formas y estados. Podemos movernos de muchas maneras que no puedes imaginar. Pero somos una parte intrínseca de tu vida cotidiana.

¿Por qué estamos describiendo todo esto?

Porque cuando comiences a sentir el apoyo y la ayuda disponibles para tus transacciones financieras, y cuando comprendas más sobre cómo funciona el dinero, ya no te preocuparás por el dinero ni te faltará dinero para nada.

El nivel actual de sufrimiento en la tierra en relación con el dinero se basa completamente en malentendidos. Y ha llegado el momento de revelarte más sobre cómo funciona tu mundo, para que puedas poner fin a este sufrimiento y comiences a disfrutar del dinero tanto como disfrutas del sexo, otra forma de intercambio.

El intercambio entre seres humanos es algo hermoso y puede darte un gran placer. Si alguna vez te preocupa tener suficiente dinero o poder obtener lo que deseas, es hora de aprender más sobre cómo funciona realmente este intercambio, de manera que puedas comenzar a disfrutarlo y te tomes el tiempo para desarrollar tu capacidad. Es una gran cosa ganar dinero y también gastarlo. Y cuanto más puedas hacer, más puedes gastar.

No necesitas ser limitado y no debes ponerte límites. El intercambio de dinero representa el movimiento de servicio en todo el mundo. Cuantos más servicios se intercambien alrededor del mundo, más alto será el nivel de transformación de la sociedad.

Si todos en la tierra estuvieran ganando y gastando millones cada año, habría un nivel mucho más alto de actividad en el mundo y un nivel mucho más alto de compartir.

Cuando compras algo, alguien más te da algo y creas un acto de servicio a través de tu compra. Donde hay poca compra hay poco servicio. Donde hay muchas compras, hay niveles muy altos de servicio.

Las personas que *ganan* más dinero *ofrecen* los mejores niveles de servicio. Las personas que *gastan* más dinero *crean* los mejores niveles de servicio, al dar a otros la oportunidad de servir.

Cuando servimos a otros, aumentamos nuestra capacidad de vida y esto es lo mejor que podemos hacer en la vida. Así que ahora es el momento de convertirte en un gran creador y gastador de dinero para aumentar los niveles de servicio en tu planeta y aumentar tu capacidad de intercambio.

18
¿Por qué nos habla el dinero?

Queremos llegar a un público más amplio, ya que muy pocos de ustedes nos escuchan claramente hoy. A menudo, cuando tratamos de comunicarnos contigo, escuchas casi lo contrario de lo que queremos decir porque no tienes experiencia ni educación en este tipo de comunicación.

La gran mayoría de los seres humanos apenas son conscientes de que existe otro mundo que no sea el que experimentan con sus cinco sentidos. Algunos de ustedes son ocasionalmente conscientes de algunas sensaciones extrañas o coincidencias que atribuyen casualmente a algún fenómeno que no entienden. Algunos de ustedes están investigando activamente la relación entre el mundo humano y los otros "mundos" que están ocultos más allá del alcance de sus cinco sentidos, pero no necesariamente ocultos por completo de ustedes.

Esta investigación es el paso más significativo en el desarrollo humano que se está llevando a cabo en este momento y va a cambiar la forma de pensar y actuar para siempre. Cada vez más de ustedes leerán libros, escucharán entrevistas y conocerán a personas que les presentarán una actividad de la que quizás nunca hayan estado al tanto, pero que es tan importante para sus vidas que abrirá un potencial, una creatividad y un disfrute inimaginables para la raza humana.

Somos parte de una ola de comunicación y colaboración activa con seres humanos de un mundo que tú consideras espíritu, energía o simplemente irreal. Te estamos apoyando para que abras tu conciencia y descubras la alegría de trabajar conscientemente con nosotros para alcanzar tus sueños. Nuestro papel es habilitarte y capacitarte para alcanzar lo que deseas, y es por eso por lo que nos estamos comunicando contigo, inicialmente en este formato escrito.

Queremos compartir contigo el desafío y la oportunidad que te brinda el dinero. Queremos que veas que no es necesario ni útil sufrir de ninguna manera por el dinero. Y queremos que aprendas las reglas del dinero, para que puedas usarlo con éxito. Además de todo esto, también queremos que comprendas que tu relación con el dinero no es estática. Está cambiando todo el tiempo. Si sigues las viejas reglas, no lograrás lo que quieres tan fácilmente como podrías usando las nuevas reglas, que son muy simples y accesibles para todos.

Te invitamos a ser curioso, a hacer tantas preguntas como desees y a ser activo en tu exploración de las nuevas reglas y prácticas para ganar, administrar y gastar dinero. Creemos que, rápidamente, te sentirás mucho más satisfecho con tu situación financiera y podrás jugar con más libertad. Te abrirás a cualquiera para hacerte rico sin necesidad de dañar a otras personas en el proceso. Tu creatividad aumentará enormemente y, como hemos señalado en otros lugares, tu sistema de intercambio financiero se volverá mucho más sofisticado y representará la verdadera naturaleza del servicio que brindas a los demás, con mayor precisión que lo que lo haces actualmente.

Otro plan para ganar dinero

19
Parte 1- Visión

Has convertido ganar dinero en un tema muy complejo y hay tantos libros y programas sobre negocios que parece que apenas hay espacio para más consejos y nuevos métodos.

Pero si observas a la mayoría de las personas involucradas en cualquier tipo de negocio, verás rápidamente que no están muy contentos ni muy satisfechos. Aquellos que están más satisfechos y son más exitosos se sacrifican tanto para lograrlo, especialmente en términos de su salud, sus relaciones y familias y su moralidad personal, que nos sentimos plenamente justificados en contribuir a la gran tienda de consejos de negocios del mundo.

Queremos que tus negocios sean simples, exitosos y satisfactorios; pero, más que eso, queremos que tú ganes y mantengas la salud, la felicidad y el disfrute haciendo negocios.

Queremos que te despiertes por la mañana lleno de expectativas, deseando que llegue un gran día en el que te involucres plenamente en aprender, desarrollar y aumentar tu capacidad energética.

Depende de ti, por supuesto, lo que hagas; pero si estás interesado en este nuevo enfoque de negocios, te invitamos primero a aprender más, luego a comenzar a experimentar y probar lo que estamos diciendo y, finalmente, a demostrarlo, no solo para ti sino también para muchas otras personas. Es cuando otras personas comienzan a aprender de ti que sabes que estás en un camino verdadero.

Por favor, date un tiempo para aprender esto. No es un cambio que pueda ocurrir de la noche a la mañana porque implica volver a cablear muchos de tus procesos y hábitos; pero es simple y cualquiera puede hacerlo con cierta paciencia y determinación. Y recuerda que en todo momento nosotros, tu oferta de dinero, tu fuente de dinero y motivación, estamos allí para ayudarte y apoyarte y asegurarnos de que tengas éxito. Sólo necesitas confiar en esta nueva forma y adentrarte en ella valientemente, un pie a la vez.

Nuevamente, te decimos que olvides lo que has aprendido antes. Esto es desafiante, pero la nueva forma es realmente diferente, y las recompensas son realmente geniales. Si esto es difícil porque estás en un trabajo con una cultura empresarial muy arraigada, te sugerimos que tomes un poco de tu tiempo libre para probar primero las nuevas ideas. Tómalo como un pasatiempo, solo por diversión, y deja que crezca naturalmente. A medida que encuentres la forma correcta y comiences a experimentar la alegría y el intenso placer de trabajar, migrarás naturalmente todas tus prácticas comerciales en esta dirección.

Cuando estés planeando cualquier tipo de actividad comercial, primero necesitas estimular tu motivación y tu deseo. Estas son fuerzas poderosas que impulsarán tu dirección y tu misión. No es suficiente hacer negocios solo para ganar dinero porque el dinero sin gastar o invertir está vacío, y las personas que trabajan principalmente para ganar dinero terminan sintiéndose vacías.

El propósito de hacer negocios es desarrollar tu sociedad y desarrollar tu especie, y en el proceso de hacerlo, también desarrollarte tú mismo. La vida se está desarrollando constantemente y si tú o tu sociedad o tu especie se quedan atrás en este proceso, comenzarán a sentir que están perdiendo energía, perdiendo contacto con la poderosa fuente de la vida y eventualmente perdiendo la vida misma.

Entonces necesitas soñar. Debes darte permiso para soñar lo mejor posible para la sociedad. Esto puede ser alimentado por problemas que deseas evitar o por una visión de una mejor forma de vida. No es importante dónde comienzas, pero es importante que te preocupes por eso para que puedas poner tu corazón y tu alma en hacer todo lo que se te pedirá que hagas.

Es posible que desees detenernos y decir que no todos pueden estar trabajando en una gran misión para mejorar la vida. Necesitamos personas para limpiar y ensamblar piezas y recolectar basura y mantener nuestras máquinas y vender y comercializar y supervisar a otros trabajadores, etc., etc.

Y nosotros diremos: "Sí, eso es lo que crees ahora". Pero, en primera instancia, no te molestes con tales pensamientos a menos que tu mayor misión sea limpiar o reparar herramientas o administrar personas. Tu primer deber es imaginar, soñar y visualizar, no preocuparte por todo lo demás. Sin esta gran misión y visión para guiarte y dirigirte, será difícil para ti alcanzar la satisfacción y la felicidad en el trabajo que estás buscando.

Algunos de ustedes ya tienen una gran visión y objetivos inspiradores y un profundo sentido de misión, o creen que lo tienen. Pero si estás leyendo esto, debes mirar nuevamente tu visión. Asegúrate de que realmente te inspire y que no se haya convertido en una fuente de frustración o hábito para ti.

Y por favor, no intentes ir más allá de esta etapa todavía. Tómate el tiempo para encontrar el cambio que deseas ver y experimentar en la sociedad. Por favor, no trates de imaginar aún qué papel jugarás en eso. Vendrá naturalmente a medida que procedas. Por ahora solo la visión es importante. Sueña con el cambio que deseas ver en tu vida y en la vida de muchas otras personas a tu alrededor. Siente la experiencia de ese cambio. Imagina la vida después de que se haya producido ese cambio, incluida tu propia vida, y comienza a vivir ese cambio en tu sueño o imaginación. Hazlo real, pero no pierdas el tiempo pensando en cómo se va a lograr ese cambio. Está bien si tomas días, semanas o incluso meses solo en esta etapa, simplemente construyendo tu capacidad de imaginación y sueño.

¿Cómo sabrás si lo estás haciendo bien? Porque lo disfrutarás y esperarás hacerlo todos los días. Querrás dejar todo lo demás y concentrarte en soñar una imagen del cambio que deseas para la sociedad.

Si se convierte en una tarea o no tienes ganas de hacerlo, detente y toma un descanso. Lee esta sección nuevamente y comienza nuevamente. Tu juicio es simple: ¿Lo estás disfrutando? ¿Estás inspirado para ir más allá? ¿Quieres saber qué sucederá después?

Si no puedes responder un sí entusiasta a CADA una de estas preguntas, es hora de comenzar de nuevo.

Puedes empezar una y otra vez si es necesario. No es importante cuándo o cómo se obtiene la visión. Lo que cuenta es la calidad de tu visión y la fuerza de tus sentimientos al respecto.

Y, por cierto, este paso es muy privado. No es para compartir en esta etapa. Tómate el tiempo a solas para desarrollar tu visión y tu imaginación y sentir el cambio que personalmente deseas ver y experimentar. No te preocupes por lo que otras personas hacen o piensan. Ese no es asunto tuyo ahora. Tratarás con otras personas más tarde.

Por ahora este es *tu* tiempo, *tu* visión y *tu* vida.

20
Parte 2 - Disfrute

No dudes en seguir leyendo, pero si no completaste la etapa anterior, no inicies la acción en esta sección todavía. Perderás tu tiempo. Te estamos dando instrucciones simples y son muy fáciles de leer, pero leerlas no es cumplirlas. Cuando se trata de hacerlo, solo vale la pena hacer cada paso correctamente; de lo contrario, no obtendrás los resultados que estás buscando.

Entonces, ahora tienes una visión clara del cambio que deseas ver en el mundo. Puedes imaginarlo y te inspira verlo venir. Probablemente es un cambio bastante grande y es difícil ver exactamente qué *puedes* hacer para lograr ese cambio, pero no tienes que preocuparte por eso.

¿Cuánto tiempo pasaste cada día imaginando y soñando? ¿Fueron 30 minutos, una hora, dos horas?

Ahora todo lo que necesitas hacer es tomar exactamente la misma cantidad de tiempo, diariamente si es posible, pero incluso una vez a la semana es mejor que nada. Por favor, no te tomes demasiado tiempo en este momento, por mucho que quieras comenzar, porque puedes fallar fácilmente si vas demasiado rápido al principio.

¿Puedes imaginar ahora algo simple que puedes hacer en este poco tiempo que te estás dando que te llevará en la dirección del cambio que imaginaste?

Por ejemplo, si deseas ver algún cambio en la ley para que los niños sean tratados mejor de una manera particular, ¿qué puedes hacer ahora que sea fácil y sin esfuerzo para ti? ¿Es simplemente cómo estás con tus propios hijos? ¿Hay alguna organización local que puedas ayudar? ¿Podrías escribir algunas historias que ilustren lo que quieres cambiar? ¿Puedes hacer un sitio web simple, investigar un poco o hablar con la gente? No es muy importante en esta etapa lo *que* haces. Puedes pasar el tiempo investigando tu área en internet o escribiendo tus pensamientos al respecto o aprendiendo nuevas habilidades. La clave en esta etapa es dar una cantidad fija de tiempo de forma regular para hacer algo relacionado con tu sueño.

No pienses en el dinero todavía y no te preocupes por si lo que estás haciendo es del todo útil. Solo ten la costumbre de pasar una cierta cantidad de tiempo, diariamente si es posible y por lo menos regularmente, haciendo algo relacionado con tu sueño.

Durante este tiempo, tu trabajo es disfrutar y dejar fluir tus actividades. No tiene sentido hacer algo que te parezca pesado o aburrido, incluso si crees que es útil. En el momento en que empiezas a sentirte pesado, DETENTE. Estás yendo en la dirección equivocada. Conéctate nuevamente con tu inspiración y motivación y haz algo que se sienta bien. Si esto significa ver películas relacionadas con tu sueño, leer libros o cualquier otra cosa, simplemente sigue adelante. Disfruta. Puedes hacer dibujos, hacer modelos, hacer llamadas telefónicas, lo que sea divertido para ti y relacionado con tu sueño. Sé consciente de tu nivel de disfrute en todo momento. Este es el criterio principal de si estás haciendo lo correcto, no lo *que* estás haciendo.

Si no estás seguro de qué hacer, sé imaginativo, no demasiado estricto contigo mismo. Hablar sobre tus ideas con algunos amigos (de una manera viva y divertida, por supuesto) es más valioso que esforzarte para pensar en ideas.

Todo lo que realmente necesitas lograr en esta etapa es el hábito de hacer algo en tu sueño.

Después de un tiempo, es posible que empieces a quedarte absorto en algo que te parezca inspirador; si es así, sigue la corriente. DISFRUTA.

Esta etapa es muy importante para establecer el hábito del disfrute en una fase temprana y no se debe dejar pasar ni acortar. Puedes pasar desde unos días a unos meses en esta etapa.

¿Cómo sabrás que es hora de pasar a la siguiente etapa?

Porque te encontrarás esperando cada sesión; cada vez sabrás exactamente lo que quieres hacer; estás disfrutando cada minuto; te sientes realmente bien con todo lo que estás haciendo; no sabes exactamente hacia dónde conduces, pero sientes firmemente que estás conduciendo a un lugar especial; incluso puedes sentir que te están guiando; es fácil y sin esfuerzo y te sorprende lo mucho que estás haciendo en tan poco tiempo, o te sorprende lo fácil que es o lo diferente que es al trabajo que normalmente haces.

Puedes esperar sentir todos o la mayoría de estos sentimientos y esa es la señal de que estás listo para seguir adelante.

Por favor sé paciente en esta etapa. Estás creando un hábito de facilidad, disfrute y trabajo sin esfuerzo. Vale la pena dedicarle tiempo. Los hábitos son muy poderosos, y estarás agradecido por el resto de tu vida si consigues este hábito. Nunca querrás volver a formas más serias de trabajo.

Es posible que, en cierto momento, te sientas muy insatisfecho con todo el trabajo que haces de la manera más antigua y pesada. Esto es natural, y aprenderás cómo aportar ligereza a todo lo que haces a tiempo, así que no te preocupes por esto. Cuando comienzas a probar la mejor comida hecha con los mejores ingredientes, la comida regular hecha con ingredientes mediocres automáticamente parece menos sabrosa. ¡Pero ten el coraje de continuar para poder comer mejor y mejor comida todo el tiempo!

Estás en camino de aprender el arte del placer y el disfrute, no solo en tus momentos de entretenimiento, sino también en tus negocios y otros proyectos.

¡Disfruta!

Para aquellos que tienen problemas con esta etapa:

Si te encuentras demasiado serio y pesado, es importante dejar de lado cualquier expectativa de lo que debes hacer. Es por eso que solo necesitas tomarte un poco de tiempo al principio, 30 minutos, una hora, para que puedas dejar de lado tus propias expectativas y permitirte ser libre. Imagina que eres un niño o un adolescente jugando con tu sueño, siguiendo el flujo donde quieras, sin que nadie te diga lo que debes o no debes hacer. Aquí no hay lugar para la inseguridad, la culpa o el miedo, porque las únicas reglas son alentarte a disfrutar y seguir la corriente.

Si encuentras que no tienes idea de qué hacer, te sugerimos que realices una actividad que te guste; por ejemplo, cualquier cosa de la siguiente lista: leer, escribir, hablar, construir cosas, mirar cosas, dibujar o pintar, cantar, etc., y haz esta actividad de una manera que se conecte con tu sueño. Puede parecer extraño al principio, pero recuerda que estás aprendiendo una nueva forma de hacer las cosas, así que extraño es bueno. También el disfrute es más importante ahora que cualquier otra cosa.

21
Parte 3 - Expansión

La siguiente etapa de ganar dinero es la etapa de expansión.

Ahora has aprendido cómo disfrutar realmente lo que estás haciendo y dejar que tus actividades fluyan. Si esto no sucede, sigue practicando, ya que no tiene sentido avanzar demasiado rápido.

Gradualmente, a medida que tengas un breve período del día en el que estás utilizando la nueva forma, cada vez comenzará a expandirse. Es posible que te veas intentando dedicar más tiempo a las actividades que ya disfrutas tanto. Puedes descubrir que la actividad comienza a vincularse con otras cosas que haces. O puedes descubrir que comienzas a incorporar este enfoque más fresco y ligero a tu otro trabajo.

Esta expansión sucederá naturalmente, por lo que no hay absolutamente ninguna necesidad de concentrarse en ella o tratar de forzarla. Es inevitable que tu disfrute se expanda porque siempre queremos expandir las cosas buenas en nuestra vida. Es importante dejarse llevar por el flujo tanto como sea posible en esta etapa. Un crecimiento más natural es más sostenible, por lo que te dará una base más sólida para tu futuro trabajo.

Es muy poco lo que debes hacer ahora, excepto dejar crecer tu gozo y placer en el trabajo. Pasa tiempo todos los días, como antes, "trabajando" en tu sueño, sabiendo que sólo lo bueno saldrá de él.

Puedes comenzar a tener más sentido del propósito o puedes encontrarte desarrollando un pequeño proyecto mientras trabajas. Esto es bueno. Deja que tu proyecto fluya.

Aquí solo hay una cosa que cuidar y es llevar tu proyecto a su conclusión: asegúrate de terminar lo que comiences.

Puede haber momentos en los que pienses que estás un poco loco, o que estás perdiendo el tiempo, o que lo que sea que estés haciendo no es bueno, pero es muy importante no escuchar este tipo de pensamientos. Pueden detenerte muy fácilmente y nunca te hacen ningún bien. Solo suelta las voces y continúa. Confía en que el disfrute es tu derecho de nacimiento y sigue el camino correcto, sin dudarlo, avergonzarte o temer.

Esta es una nueva forma. Es una forma de flujo. A menudo no sabrás lo que sucederá después. Es posible que no sepas a dónde te conducen. Se necesita mucha más confianza que en la antigua forma en que trabajabas duro para mantener todo bajo control.

Ahora *nosotros* estamos en control. Te estamos guiando, junto con nuestros muchos colegas que están aquí para ayudarte a asistir a tu planeta a negociar el próximo paso de su historia.

Debes saber que este es un momento glorioso para los seres humanos. Están siendo llamados a avanzar hacia logros mucho mayores. No se conformen más con sus vidas pequeñas y ordinarias. Hay muchos desafíos por delante; pero para aquellos que aprenden el camino de la ligereza y el disfrute, el camino siempre se abrirá frente a ustedes, a veces, literalmente, paso a paso, y solo necesitan seguir caminando y sucederán grandes cosas a su alrededor.

Por favor, permítanse alcanzar grandes logros sociales y de progreso. Prepara a tus hijos para ser responsables y poder cumplir con una gran visión. Expande tu vista para que ya no estés encerrado en el mundo estrecho y oscuro de la limitación y la competencia. Prepárate como para un gran viaje por la vida.

Avanza hacia grandes logros. Cuanto mayores sean, más apoyo recibirás. No tengas miedo de ser inadecuado de ninguna manera. Obtendrás los recursos y habilidades que necesitas cuando los necesites, siempre y cuando te mantengas en el camino del disfrute y la ligereza.

A través de tu práctica diaria, estás aprendiendo cómo fluir y cómo moverte, paso a paso, sin saber lo que vendrá después. Esto es muy importante ya que en los próximos años te sentirás ciego. Solo podrás confiar por la fuerza de tu disfrute y por un sentido de plenitud y satisfacción interna que te dirán, una y otra vez, que lo que estás haciendo debe ser lo correcto, incluso si no sabes a dónde te lleva.

Tu viejo estilo de planificación te fallará en el nuevo mundo. Debes prepararte y te estamos dando instrucciones para ayudarte a estar listo.

Recuerda, aquellos que caminan hacia adelante con gusto y placer sabrán, en todo momento, que van en la dirección correcta, aunque a menudo no sabrán cuál es esa dirección. Aquellos que son serios y pesados y que no han aprendido la nueva forma se sentirán totalmente desorientados, confundidos y asustados, porque sus sentimientos no les darán ninguna guía interna. Entonces, tómate este tiempo ahora para aprender a caminar, paso a paso, por la vida, confiando sin saber la dirección.

Usa tus sentimientos de disfrute como tu brújula, guiándote infaliblemente hacia un futuro brillante. Si te sales del camino hacia el mundo serio o pesado del pasado, corrígete rápidamente y vuelve al camino.

No dejes que otras personas, que saben menos que tú, te desanimen con sus críticas, dudas o risas. Sé claro en lo que quieres y en lo que crees y sigue avanzando en esa dirección segura. No necesitas hacer un gran espectáculo de tu disfrute. Compártelo con aquellos que tienen ojos para verlo. Mantenlo en privado frente a aquellos que se burlarán de ti.

A través de este disfrute, cada paso seguirá. No necesitarás planes complicados para guiarte. Darás un paso a la vez y, a medida que completes cada paso, sabrás automáticamente en qué dirección tomar el siguiente paso. Sentirás que tu vida se desarrolla frente a ti. A menudo te sorprenderá dulcemente. Te sentirás apoyado por el mundo invisible que te rodea. Estarás muy seguro, sin necesidad de hacer ningún espectáculo. Dirigirás a aquellos que tienen menos experiencia que tú, pero son tu disfrute y placer lo que los atraerá y los guiará, no tu conocimiento o tus planes.

Toma tiempo ahora, mi querido, para aprender. Será bien recompensado.

22
Parte 4 - Ángeles guardianes

Hemos esbozado los principios fundamentales de visión, disfrute y expansión. Te hemos dado una manera simple de presentar tus solicitudes financieras todos los días y la forma correcta de comportarte para garantizar que se cumplan. Puedes seguir todas estas instrucciones, asegurándote de volver y releerlas regularmente.

Hoy queremos hablar de algo a lo que nos hemos referido brevemente: tu relación con tus ángeles guardianes. También juegan un papel importante en todo esto, ya que están contigo todo el tiempo. Tus ángeles guardianes también son parte de tu sistema de entrega y es útil saber cómo comunicarse con ellos de manera efectiva.

Puedes imaginar esto como una amistad, pero mejor que cualquier amistad que hayas experimentado antes. En primer lugar, imagina una amistad en la que todo lo que le das a la otra persona es exactamente lo que necesita de ti, y todo lo que te dan es exactamente lo que necesitas de ellos. Esa es la verdadera compatibilidad.

Este es el tipo de relación que tienes con tus ángeles guardianes, pero es aún mejor que eso, porque están dando todo el tiempo, y puedes dejar pasar lo que recibes todo el tiempo si quieres. Esto significa que tú recibes constantemente lo que necesitas de ellos y no tienes que dejar de recibirlo para poder devolverles. Tu recepción es tu entrega.

¿Qué significa todo esto?

Tus ángeles guardianes te apoyan todo el tiempo y entregan tus solicitudes de la vida diaria. Trabajan con diferentes energías, o departamentos, cuando lo necesitan. Entonces, por ejemplo, nos involucran cuando tiene que ver con dinero o finanzas. Implican otros seres o energía cuando tiene que ver con alguna otra área de la vida.

Cuanto más recibes de ellos, más energía tienes y más poderoso y brillante te vuelves. Eres más feliz, más ligero y más fluido. Tu brillo y felicidad se reflejan en tus ángeles guardianes, dándoles una puerta abierta para brindarte más. Cuanto más pueden proporcionarte, más están dando, y cuanto más pueden dar, más crece su energía y poder. Entonces, tu crecimiento alimenta su crecimiento, dándoles la oportunidad de dar. Por supuesto, también puedes crecer transmitiendo lo que recibes, y así es como obtienes el aumento constante del que hemos hablado en otros lugares.

Una de las cosas muy provechosas y útiles, sobre los ángeles guardianes, es la capacidad de comunicarse con ellos. Puedes hablar con ellos y hacerles preguntas cuando necesites ayuda u orientación sobre cualquier cosa.

Es posible que algunos de ustedes hayan notado que cuando tienen una pregunta sobre la vida y la "exponen", la respuesta a menudo parece volver a ustedes muy pronto. Estos son tus ángeles guardianes que te proporcionan la respuesta.

Debes ser consciente de esto porque te permitirá nunca estar atrapado o confundido de ninguna manera acerca de la vida, pues siempre puedes pedir ayuda.

Es bastante fácil de hacer. Mientras creas en verdad que tus ángeles guardianes son reales, puedes hablar con ellos sinceramente, ya sea en tu mente o en voz alta. Entonces, sé paciente y feliz, y te llegará una respuesta. No esperes voces en tu mente (aunque puede ser así para algunas personas); hay muchas maneras diferentes de responder. Pueden poner un artículo de revista frente a ti, hacer que navegues hacia el sitio web correcto o que conozcas a alguien que pueda ayudarte, así que permanece abierto a la información que te llegue, de muchas maneras diferentes.

Si te resulta difícil creer en este tipo de cosas, intenta hacer una pequeña pregunta algún día. Por ejemplo, tómate un tiempo para relajarte y tranquilizar tu mente y luego hazte una pregunta como esta:

"¿Hay realmente ángeles guardianes?" O "¿cómo puedo saber si los ángeles guardianes son reales o no?"

Y eso es todo. No busques una respuesta. Solo mira lo que pasa.

¿Por qué estamos hablando de ángeles guardianes hoy?

Porque creemos que es muy importante que comiences a desarrollar tu comunicación con ellos. Pueden ayudarte mucho. Siempre que necesites ayuda en tu búsqueda de dinero, solo pídeles que te ayuden. Están en constante comunicación con nosotros y cualquier mensaje que necesitemos nos llegará al instante, por lo que no debes preocuparte por eso.

El punto es que tus ángeles guardianes están ahí para ti, y solo para ti. Tienes un recurso increíble a tu disposición. Es hora de reconocerlo y comenzar a explorarlo. Además, te apoyará en todos tus esfuerzos financieros y de otro tipo y te brindará un gran placer.

Una asociación con el dinero

23
Relájate

Queremos decirte que te relajes. Y queremos decirlo muy alto y claro. Eres demasiado serio. Estás perdiendo el punto: sobre el dinero y sobre la vida.

Realmente te pones en las posiciones más ridículas de estrés y presión sobre el dinero, sin darte cuenta de que el estrés es exactamente lo que nos mantiene alejados de ti.

Vamos a hacer un dibujo para ayudarte a comprender. Imagina un gran témpano congelado, sólido como una roca. Si intentas verter agua sobre él, ¿qué pasa? Parte del agua puede congelarse en el témpano. Un poco del carámbano puede derretirse. Pero la mayor parte del témpano se mantendrá igual y el agua simplemente se escurrirá y se drenará, teniendo muy poco impacto en el mismo.

Ahora imagina una esponja, suave, porosa y flexible. Vierte un poco de agua sobre ella y ¿qué pasará? Gran parte del agua penetrará en la esponja. Algo puede escaparse, pero cuando la esponja absorbe el agua, se combinan y ambos cambian. Una esponja húmeda es más fácil de usar que una esponja seca. El agua contenida en la esponja puede controlarse y hacerse útil para la limpieza.

Una imagen simple, pero muy útil para recordar. Cuando te estresas te pones tenso. Tu cuerpo y tu mente se vuelven más rígidos y menos flexibles, menos abiertos, como el témpano. Nosotros, la energía del dinero, somos como el agua. Simplemente nos escapamos y vamos a otro lado. Cuando estás relajado, eres como una esponja: suave, porosa y flexible. Puedes recibir dinero. Permites que el dinero te cambie y cambias el dinero cuando lo haces tuyo.

Si comprendes que el dinero es una forma de energía, verás cómo funcionan estas imágenes y sabrás cómo comportarte con respecto al dinero.

Pero, "¿Cómo podemos relajarnos cuando no tenemos suficiente dinero?", te escuchamos preguntar. Esa es la pregunta que todos tienen.

Por supuesto, es fácil en teoría, pero en la práctica significa cambiar los hábitos, a menudo no solo de toda la vida, si no de muchas generaciones. Sin embargo, pregúntate esto. ¿Te gusta preocuparte por el dinero? ¿Te sientes bien? ¿Crees que te ayuda a ganar más dinero? ¿Te parece que el dinero te trata bien cuando estás tenso y preocupado? Por supuesto que no. Entonces, el primer paso es darte cuenta de que la preocupación no está funcionando. Si no lo disfrutas, no lo hagas.

El segundo paso es darte cuenta de que realmente es posible ganar dinero, mucho, a través del disfrute. Todo lo que pedimos es que te permitas estar interesado en esto, nada más. Te estamos dando un plan para aprender cómo hacerlo. Tal vez ya hayas comenzado, y no te estamos sugiriendo que dejes de hacer todas tus formas normales de ganar dinero y te arriesgues a perderlo todo. Simplemente sigue trabajando en los 30 minutos o una hora al día de disfrute y deja que se expanda, como lo explicamos, y comienza a desarrollar el hábito de disfrutar y no preocuparte.

Para empezar, puede resultarte fácil porque es nuevo y divertido. Pero después de un tiempo, las dudas pueden comenzar a aparecer, dejando pequeñas preguntas en tu mente que te dicen que no va a funcionar. La preocupación puede comenzar a molestarte nuevamente porque ha sido un hábito durante mucho tiempo.

Ahora es el momento de aprender a dejar de lado todas las voces negativas. Aprender a no escuchar las dudas y los miedos. Siempre están esperando atraparte, pero no son tu dirección. Vas por el camino del disfrute, no te preocupes. Estás buscando placer, no miedo. Estás buscando una forma nueva y divertida de ganar dinero, no la vieja y seria forma que está llena de estrés, vanidad y ambición.

A veces será muy difícil confiar en la nueva forma. Con frecuencia, podrás sentirte perdido o como si estuvieras desperdiciando el tiempo. Requerirá autodisciplina para insistir en el disfrute, más de lo que puedes imaginar.

No obstante, dentro de ti hay una parte que ya sabe que esto es posible y que es la dirección correcta. Por eso estás leyendo esto. Esta es la parte en la que debes confiar, a medida que aprendes a dejar de lado la preocupación, la seriedad y el estrés.

Siempre estamos aquí para ayudarte y no hay nada que nos guste más que alguien que se divierte y gana dinero al mismo tiempo. Tú haces nuestro trabajo muy fácil y muy agradable y podemos lograr nuestros objetivos sin resistencia. No nos gusta trabajar demasiado y te recomendamos que sigas este camino también.

No escatimamos esfuerzo y siempre estamos buscando mejores formas de hacer las cosas, más satisfactorias para ti y más divertidas para nosotros, y por supuesto más dinero cambiando de manos todo el tiempo.

Así que sé bueno contigo mismo. Aprenderás lo que te estamos enseñando aquí sin estudiar ni concentrarte. Aprenderás porque estás interesado y porque quieres. No necesitas ser serio y te volverás cada vez más alérgico a la seriedad. Tendrás más diversión, más ligereza, más humor y, por supuesto, más dinero también.

24
En asociación con el dinero

Quiero decirte una vez más que yo, el Dinero, soy un gran y glorioso ser de energía. No comparto tus obsesiones por ser modesto y no mostrar toda la gloria de tu existencia.

Mi trabajo es brillar sobre todos los seres humanos y apoyarlos a todos para que intercambien sus bienes y servicios. Si me contuviera con falsa modestia, te sentirías mucho más limitado que ahora y tu mundo sería mucho más pobre por ello.

Pero, ¿por qué se detienen?

¿Por qué fingen ante ustedes mismos y ante los demás que no son importantes y que sus vidas tienen un valor limitado?

¿Por qué se permiten escuchar a las personas que intentan detenerlos, en lugar de a las personas que los alientan a ser grandes?

¿Por qué intentan ignorar sus sueños, esperanzas y visiones, en lugar de tratar de crearlos?

¿Por qué insisten en ser pobres en lugar de insistir en ser ricos?

Queremos mejorar nuestra cooperación contigo para poder resolver estos problemas. Es por eso que estamos escribiendo este libro para ti, para alentarte a ser más valiente y sincero sobre el dinero.

Queremos que comprendas que existe una verdadera asociación entre tú y nosotros, a pesar de que no puedes vernos, y que cuando, como en cualquier asociación, las cosas funcionan bien, los resultados son mucho más exitosos.

Entonces, ¿cómo puedes ser más consciente de la dinámica de esta asociación?

En primer lugar, al deshacerte de cualquier vergüenza que puedas sentir por el dinero. Esperamos que ya te hayas dado cuenta de que el dinero no sólo es esencial sino, también, muy agradable y que no tiene absolutamente nada de malo tener dinero y gastarlo. Además, ganar dinero es una valiosa contribución al desarrollo y evolución de tu sociedad. La vergüenza se basa en nociones obsoletas sobre el dinero, que simplemente deben abandonarse.

Lo siguiente es escuchar más de cerca las ideas que se te ocurren para ganar u obtener más dinero. Les enviamos constantemente estas ideas, pero notamos que muchos de ustedes las rechazan con demasiada facilidad, diciendo cosas como "Nunca podría hacer eso", o "No tengo suficiente tiempo" o "No sé cómo hacerlo". Por favor, comprende que las ideas son realmente más valiosas que el oro: pueden producir mucho más valor para ti que el oro mismo. Pero se supone que son trampolines de acción, que no están ubicadas en el fondo de tu mente para ser olvidadas.

Constantemente nos dices que quieres más dinero para esto, aquello y lo otro. Por lo tanto, constantemente te enviamos ideas prácticas y simples para obtener ese dinero y luego no te das cuenta.

¿Notaste la inspiración y el entusiasmo que acompañan a una nueva idea? Esa es una señal de que la idea es real y debe ponerse en práctica. La inspiración te da la energía o el combustible para poder llevar a cabo la idea.

No puedes esperar tener más dinero si solo miras televisión o vas al bar. Debes *hacer algo por otra persona* si deseas que te den algo de dinero. Eso es todo, es bastante simple, pero debes tomar alguna medida, de lo contrario no pasará nada.

Entonces, la próxima vez que tengas una "idea brillante" para ganar dinero, ten en cuenta que realmente es brillante. Te la hemos enviado para ayudarte a alcanzar lo que deseas. Además, te ayudaremos a ponerla en práctica, junto con nuestros muchos amigos y colegas, para que no tengas que preocuparte por no saber cómo hacerlo o por no tener suficiente tiempo. Se puede hacer todo si estás dispuesto a comenzar y probar.

Te ayudaremos. Nos encanta traerte dinero. Nos encanta hacerte rico. Nos encanta darte ideas y disfrutamos especialmente verte divertirte mientras ganas tu dinero. Queremos que te sueltes y te permitas ser libre. Para dejar de lado tus complejos y te des cuenta de que el mundo no es lo que era cuando eras más joven. Las cosas han seguido adelante. Era inconcebible, hace solo unos años, que te hubiéramos hablado así y te hubiéramos contado mucho sobre cómo trabajamos. Ahora puedes saber cómo cooperamos y cómo desarrollar nuestra asociación para tu beneficio.

Así que, por favor, queridos seres humanos, piensen en nosotros de vez en cuando, habitando lo que ustedes llaman espacio vacío. Estamos con ustedes. Los estamos guiando. Les estamos trayendo dinero. Los estamos haciendo ricos. Escuchen nuestras ideas y háganlas suyas. Actúen sobre ellas, libremente y con placer, y verán cómo una gran riqueza les llegará.

25
Solicitud de dinero

"Hola dinero".

"Dinero, al habla".

Puedes imaginar que esto es como una conversación telefónica en la que marcaste mi número y atendí el teléfono. Y ahora podemos hablar.

De hecho, todos pueden hacerlo si lo desean. Cada vez que solicitas dinero o deseas dinero o estás interesado en dinero, te conectas con mi línea, pero no siempre obtienes una conexión directa. A veces te conectas con alguien en una de mis oficinas. A veces te conectas con uno de mis mensajeros u otros trabajadores. Todos pueden ayudarte de diferentes maneras. Depende mucho de cuán clara y de qué nivel sea tu solicitud, a quién llegue y qué tipo de respuesta obtengas.

Por ejemplo, si te dices a ti mismo, en un momento desesperado, "Necesito más dinero, pero no sé dónde obtenerlo", te conectarás con un oficial subalterno cuyo trabajo es recibir tu solicitud de dinero en nuestro sistema de informes y dejarlo en el archivo hasta que se vuelva más claro y más directo.

Si le dices a alguien más "Quiero un nuevo trabajo con un salario mucho mayor", tu solicitud se dirige a un departamento diferente, que se vincula con muchas otras organizaciones y departamentos que se ocupan de empleos y reclutamiento. Si tienes muy claro qué tipo de trabajo deseas, la solicitud se puede manejar eficientemente y pasar al departamento correcto con rapidez y es posible que se te ofrezca un nuevo trabajo muy rápidamente.

Te sorprenderá saber que hay algo así como una enorme burocracia aquí. Eso no parece muy apropiado, ya que a nadie le gusta la burocracia.

De hecho, no es tanto una burocracia: es lo que has creado cuando has intentado copiar nuestros sistemas, sin comprender claramente cómo se desarrollaron. Es un sistema para hacer frente a tantas solicitudes de dinero, poco claras.

Lo que quizás no te des cuenta es que cada vez que tú o cualquier otro ser humano quiere o piensa en dinero, eso se relaciona directamente con un movimiento en el mundo detrás de su mundo físico. Cada solicitud que tú haces es escuchada y registrada por nosotros, pero no podemos entregarla a menos que sea clara. Si solicitas un regalo para alguien en línea y no proporcionas una dirección de entrega, nunca llegará a las manos de la persona a la que deseas entregárselo, incluso si lo has pagado.

Lo mismo sucede con el dinero. Si realizas un pedido o solicitas dinero, pero no tienes una idea clara de dónde lo quieres, qué harás con él o a quién quieres pasarlo, no podemos entregarlo. Sin embargo, tenemos que responder a cada solicitud o mención de dinero, ya que somos la energía del dinero. Por lo tanto, probablemente puedas imaginar que tenemos un sistema enorme de registro de todas las solicitudes poco claras, manteniéndolas hasta que el remitente dé instrucciones claras que podamos seguir.

Tenemos generaciones de solicitudes que se remontan a miles de años en todo el mundo y que nunca se cumplirán. Recibimos miles de millones de solicitudes todos los días y hay que decir que la gran mayoría de ellas no están claras y no se pueden cumplir.

Piensa en todas las veces que quieres o necesitas algo de dinero, para pagar tus facturas o comprar algo o invertir o para dar a alguien más. Ahora imagina que hay un sistema detrás de tu mundo visible, que establece todas las conexiones y movimientos que deben tener lugar para que puedas recibir ese dinero. Ese sistema es infinitamente poderoso, pero en su trato con los seres humanos tiene que *escuchar las peticiones humanas y seguir las instrucciones que se le dan.*

Permítenos darte algunos ejemplos. Cuando dices "Quiero recaudar dinero para donar a organizaciones benéficas", vemos que la instrucción detrás de tu solicitud es proporcionar dinero a la organización benéfica. Realmente hacemos un mejor trabajo del que tú solicitaste porque entregamos el dinero directamente a la organización benéfica. Así es como las organizaciones benéficas se volvieron tan ricas por un tiempo porque muchas personas querían ganar dinero para la caridad. Pero muchas de esas personas se decepcionaron porque no obtuvieron dinero ellos mismos. De hecho, su solicitud no fue lo suficientemente clara. Esto lo descubrimos más tarde, cuando vimos cuántas personas comenzaron a cambiar su solicitud.

Muchos de ustedes quieren mucho dinero, pero les da vergüenza pedirlo. Puedes darlo a la caridad, si lo deseas, pero primero debes recibirlo tú mismo. Si no solicitas el dinero para ti primero, y luego se lo das a una organización benéfica si lo deseas, o si pretendes hacer otra cosa con él, el dinero irá directamente a las organizaciones benéficas, ignorándote. Es mucho más eficiente de nuestra parte y mucho más fácil para ti porque no tienes que trabajar tanto para obtener lo que deseas.

Muchos de ustedes dicen "Necesito más dinero para pagar las cuentas" y, luego, en su próximo aliento, dicen "Pero no veo ninguna forma de obtenerlo" o "Nunca obtendré un aumento de sueldo" o "Probablemente lucharé por dinero por el resto de mi vida". Ahora, ponte en nuestro lugar por un momento y mira lo que está sucediendo aquí.

Primero nos envías un mensaje que dice "Necesito más dinero". Para ser honestos contigo, este no es un buen formato para una solicitud financiera. Si reaccionamos correctamente a tu solicitud, debemos entregarte *la necesidad de más dinero*. Esto generalmente significa que tenemos que entregar más facturas. Luego dices de nuevo "Necesito más y más dinero", y tenemos que entregarte cada vez más "necesidad de dinero", es decir, incluso más facturas. La cuestión es que tenemos que reaccionar directamente a tus instrucciones porque somos el sistema de entrega de tu vida. Entonces, cuando dices "Necesito dinero", tenemos que hacerlo realidad para ti. Alguien que necesita dinero tiene facturas u otras obligaciones financieras. Si sigues repitiendo tu necesidad de dinero, tenemos que seguir entregándotela. Tenemos grandes departamentos dedicados a crear facturas y otras obligaciones financieras. Tenemos que decir que la mayoría de estos serían totalmente innecesarios si no insistieras y repitieras esta frase: "Necesito dinero".

Estamos tratando de ser más flexibles en estos días, ya que hemos observado que no estás contento cuando recibes más y más facturas y que no es nuestro deseo ni nuestro papel hacerte infeliz. Nuestras reglas nos limitan, pero estamos abordando este problema de varias maneras.

En primer lugar, te hemos enviado muchos maestros diferentes para ayudarte a aprender más sobre el dinero y cómo administrarlo. Estamos utilizando Internet, películas, tu sistema educativo y tus empresarios, incluso tus bancos, para educarte mejor.

También hemos adaptado nuestro sistema y estamos enviando ideas a las personas para ganar u obtener más dinero, cuando nos dicen que necesitan más dinero, y creemos que esto te ayudará a estar más satisfecho. Pero hasta ahora, la mayoría de las personas no parecen responder muy bien a las ideas. Tienden a rechazarlas y dicen cosas como "No tengo tiempo para hacer eso" o "Nunca podría hacer eso".

Pero volvamos a esta solicitud tuya. Comenzaste diciendo "Necesito más dinero", y has visto un poco de cómo tenemos que responder a eso. Luego continúas con "Pero no veo ninguna forma de conseguirlo", ¡y tenemos que entregar eso también! Por lo tanto, a pesar de que hemos adaptado nuestro sistema, estamos en una situación muy difícil porque nos está pidiendo que te enviemos tantas solicitudes contradictorias. Incluso cuando tratamos de ayudarte, con frecuencia te das vuelta y miras hacia otro lado, como si no quisieras ayuda.

Entonces, así es como un vasto sistema de mantenimiento de registros ha crecido en el mundo oculto del dinero. Hay un montón de solicitudes sin cumplir, multitud de facturas y demandas financieras creadas por millones de personas todos los días.

Realmente preferiríamos que pudieras hacer solicitudes simples, para que podamos cumplirlas y verte satisfecho con los resultados.

Prueba algo como esto: "El 6 de julio voy a comprar xxx" o "Me enamoré del abrigo rojo en la tienda hoy, así que lo compraré antes de fin de mes" o "Mi negocio va a generar $ 1 millón este año" o "Me convertiré en millonario en dos años vendiendo programas para ayudar a las personas a ganar más dinero".

Todas estas son solicitudes simples que podemos cumplir directamente. No hay dudas.

Mira la diferencia desde nuestro punto de vista entre 'Mi negocio va a ganar $ 1 millón este año" y "Quiero que mi negocio gane $ 1 millón este año". Podemos mantenerte *"queriendo $ 1 millón"* para siempre, hasta que decidas no solo que lo quieres, sino que realmente lo vas a *hacer*. En ese momento verás cómo lo entregamos y estarás satisfecho con los resultados.

26
Más solicitudes de dinero

Queremos continuar desde el último capítulo, ya que vimos que disfrutabas imaginándonos mientras interpretamos tus solicitudes financieras. Entonces, veamos algunos ejemplos más.

Te imaginas cómo tenemos que responder cuando dices "Quiero ser rico", pero cuando alguien te pregunta el precio de tus servicios, temes que sea un precio alto, es decir, un precio de valor. De hecho, cuando tú dices todo el tiempo que quieres ser rico –como ya lo señalamos–, podemos mantenerte con ganas de ser rico, lo cual significa no hacerse rico. Simplemente no ponemos demasiadas oportunidades en tu camino y te ayudamos a bajar mentalmente tu precio, así que cuando quieras decir "Eso costará $1000", las palabras que salen de tu boca son "Lo haré por $700".

¿Reconoces ese sentimiento, cuando sabes lo que quieres cobrar, pero simplemente no puedes dar el precio completo en el momento clave? ¡Somos nosotros tratando de cumplir con tus muchas solicitudes contradictorias!

Ahora echa un vistazo a esas personas totalmente seguras que tienen total confianza en que serán exitosas y ricas, a las que muchos de ustedes resienten en secreto. Tienes que admitir que su mensaje es muy claro y consistente. Sus expectativas son estables y no se contradicen todo el tiempo en sus solicitudes financieras. Puedes imaginar que en nuestro sistema de informes tienen muchas más solicitudes cumplidas y no tantas solicitudes que se han cambiado o cancelado repetidamente.

Según esto, puedes decidir por ti mismo cuánto dinero quieres y qué quieres hacer con él, pero te recomendamos que tengas muy claros tus pensamientos y sentimientos sobre el dinero para que puedas enviar solicitudes simples, que no se cambien hasta que se cumplan.

Ahora tomemos otro ejemplo, uno que hemos visto en otra parte. Ves algo que realmente quieres e inmediatamente piensas para ti mismo "No me lo puedo permitir".

Recuerda que nuestro deber es proporcionarte todas tus transacciones financieras, de acuerdo con lo que piensas, sientes y esperas. Si sientes que no puedes pagarlo y esperas no poder obtenerlo, nos pones en la lamentable posición de tener que *asegurarnos de que no puedas pagarlo*.

A veces creemos que en realidad puedes pagarlo, de acuerdo con tu situación financiera, por lo que, literalmente, debemos asegurarnos de que no puedas pagarlo al presentarte una factura más grande y más urgente, o al asegurarnos de que pierdas el dinero en otro lugar. Sin embargo, no nos gusta cumplir con esas solicitudes que sabemos que te harán infeliz. Es por eso que estamos trabajando tan duro estos días para educarte mejor sobre el dinero.

Si crees que todo esto es un poco exagerado para creer, solo observa tu comportamiento financiero durante un mes o dos. En primer lugar, examina lo que piensas sobre el dinero en el día a día, cómo te sientes con respecto al dinero y cuáles son tus expectativas financieras.

Luego echa un vistazo a cuándo y cómo obtienes dinero, cuándo y cómo te llegan las facturas y cuándo y cómo las pagas. Presta especial atención a cualquier ingreso o gasto inesperado y ve si puedes vincularlo con tus pensamientos, sentimientos y expectativas. Mira cualquier dinero que se te dé o que pierdas y pregúntate qué papel estamos jugando en la distribución de tu dinero. Imagínanos moviéndolo de una persona a otra. Imagina cómo estamos organizando tu flujo constante de solicitudes y expectativas.

Echa una mirada divertida, sin ninguna culpa, vergüenza o reproche. Tómalo como un juego. Juega a "dinero de Dios" contigo mismo por un tiempo e imagina cómo expresar todos tus pensamientos y preocupaciones más íntimos sobre el dinero.

¡Verás que hacemos un muy buen trabajo!

Pero recuerda que no tienes que sufrir por dinero de la manera que lo haces. Si has entendido el mensaje de esta sección y la anterior, prestarás más atención a la forma en que piensas y sientes. Aclararás tus expectativas financieras. Harás que tus expectativas sean consistentes con lo que deseas poder comprar en tu vida. Y harás que tus solicitudes sean simples.

Somos infinitamente pacientes y estamos aquí para cumplir con tus solicitudes. Puedes cancelar y reordenar lo mismo tantas veces como lo desees. Nunca nos enojaremos o te castigaremos ni te retendremos nada. Pero debes tener en cuenta que esto ralentiza enormemente el sistema de entrega, llevando a veces a que tu artículo solo llega cuando ya no lo necesitas. ¿Te ha pasado eso?

Por lo tanto, no hay necesidad de tener miedo de nada de esto. Puedes cometer tantos errores como sea necesario. Puedes fallar repetidamente, pero también puedes aprender siempre.

Nunca te rindas. Si dominas el arte de solicitar dinero, dominas el arte de solicitar lo que quieras. Es la forma más simple y tangible de aprender la esencia de la vida misma.

Las leyes del dinero

27
Las leyes del dinero

Hay diferencias entre nuestras leyes de dinero y tus leyes de dinero. Y una de las primeras diferencias es que *nosotros* nunca necesitaremos *tus* leyes, pero *tú tienes una opción.* Puedes estar sujeto a *tus* leyes, que a veces tienden a ser demasiado complicadas y poco naturales, o puedes seguir *nuestras* leyes, que son simples y crean gran abundancia.

Obtener dinero realmente no es difícil para ti si sigues nuestras instrucciones y, una vez más, te recordamos que es ilimitado. Tus leyes financieras se basan en el entendimiento de que el dinero es limitado y, por lo tanto, debe controlarse y distribuirse cuidadosamente.

Por cierto, ustedes no han sido muy buenos distribuyéndolo, porque aquellos que se han vuelto muy ricos parecen reacios a compartir su habilidad y experiencia excepto con unos pocos, a veces incluso solo miembros de la familia. Es una pena porque esto los ha dejado limitados de otras maneras. Cuando tienes un gran conocimiento y lo compartes con otros, te permite trascender ese nivel y ascender a un nivel más alto de existencia. Si mantienes el conocimiento para ti mismo, no tendrás la oportunidad de elevarte por encima de tu nivel actual.

Está comenzando a surgir una nueva generación de personas adineradas que están dispuestas a compartir su experiencia de ganar dinero y esto cambiará todo el sistema. Su éxito se basa en el entendimiento de que el dinero es ilimitado y es por eso que se sienten capaces de compartir. Hay más que suficiente para que todos en la tierra sean ricos.

Este desarrollo desestabilizará la "riqueza antigua" y también desestabilizará tu sistema financiero. Esto a su vez afectará tus leyes financieras, que comenzarán a parecer débiles y complicadas. Cada vez más personas descubrirán que pueden ganar tanto dinero como quieran, por lo que ya no será necesario ser deshonesto sobre el dinero. Tampoco necesitarás mantener tu dinero en secreto o fingir que tienes menos que en la realidad.

La nueva forma es traer gran honestidad al mundo financiero. Puedes ver el viejo mundo ya luchando. Su actual crisis financiera es una señal de eso.

Pero en medio de tal lucha hay personas en todas partes que se niegan a creer en la recesión y que tienen más éxito que nunca. No temen no tener dinero y no se avergüenzan de tener éxito.

Pueden decidir por sí mismos de qué manera prefieren ganar dinero: la vieja forma de perseguir una parte *limitada* de un suministro *limitado* o la nueva forma de disfrutar mientras juegan con la vida y hacen lo que sea que les divierta. Puedes ganar dinero por diversión, simplemente para practicar el método, sabiendo que, una vez que lo hayas dominado, compartirás tus conocimientos con muchos otros y avanzarás hacia cosas más importantes.

Oh, qué deliciosa es la vida cuando lo sabes, y qué triste es cuando no lo sabes.

28
Realmente puedes relajarte con el dinero

Quiero decirte lo mismo que he dicho muchas veces antes. RELAJATE. Todo está bien. En verdad puedes relajarte porque las cosas realmente funcionarán mejor para ti de esa manera.

¿Por qué? Esa es la pregunta que tanta gente hace.

Permíteme explicarte una tecnología simple que te ayudará a comprender por qué ponemos tanto énfasis en la relajación y el disfrute.

Primero, observa la diferencia en ti mismo cuando estás relajado y disfrutas de tu trabajo, en comparación con cuando estás tenso y solo trabajando para el deber o con resentimiento, preocupación o miedo. ¿En cuál de esas posiciones sientes más contacto con el universo? O reformulemos la pregunta y preguntemos ¿qué posición te parece más natural? ¿Relajado o tenso? ¿Disfrutando o preocupado?

Exactamente.

A nadie le gusta estar tenso. Simplemente parece que sucede. Te *encuentras* tenso. Hay muchas cosas de las cuales preocuparse. Es imposible *no* estar tenso sobre las cosas que te están sucediendo.

Sí, por supuesto, tienes razón cuando lo miras desde ese punto de vista. Hay una muy buena razón por la que estás tenso o preocupado y es difícil ver cómo podrías reaccionar de otra manera.

El problema es que –como sin duda te has dado cuenta– la tensión y la preocupación no resuelven los problemas. De hecho, algunas personas se preocupan la mayor parte de sus vidas, lo que demuestra que la preocupación no funciona muy bien.

Entonces, ¿cuál es la alternativa?

La clave está en la palabra "natural". Te sientes más natural cuando estás relajado y disfrutando. Quizás te sientes más como un niño y generalmente ves que los niños son más naturales que los adultos.

Espero que, al leer esta serie de escritos, hayas llegado a ver que el dinero es parte de la naturaleza. Que el dinero es realmente una forma de energía que es totalmente natural y produce todas las transacciones financieras, y pensamientos, sentimientos y expectativas que ustedes experimentan.

Sólo imagina intentar pagar algo si no estás conectado con la energía del dinero. Alimentamos tus cuentas bancarias y tus tarjetas de crédito. Te ayudamos a escribir tus cheques. Te damos tu sentido del valor financiero: "Me gusta eso y quiero comprarlo" o "Me gusta eso pero no lo suficiente como para querer comprarlo" o "Me encanta eso y me aseguraré de poder comprarlo algún día". No podrías tener estos pensamientos sin tu conexión con la energía monetaria que opera detrás de tu mundo físico.

Entonces, somos parte de la naturaleza y tú también, por supuesto, eres parte de la naturaleza. Cuando te permites "sentirte natural" estás, en efecto, sintiendo la naturaleza. Estás reaccionando naturalmente, de acuerdo con las leyes de la naturaleza. Estás dejando que la naturaleza te maneje y estás en el flujo natural del universo. Puedes sentir esto. Por eso dices que te sientes más natural.

Cuando estás en el flujo real, es mucho más fácil para nosotros trabajar contigo y para ti recibir los beneficios de nuestro trabajo, y tú sabes lo que eso significa. ¡Más dinero!

Como hemos explicado en otra parte, confiamos en un sistema que está vinculado con tus pensamientos, sentimientos y expectativas sobre el dinero. En efecto, somos el sistema de entrega para cumplir tus pensamientos, sentimientos y expectativas. Los hacemos todos realidad.

Cuanto más natural seas tú, más fluido será el sistema de comunicación entre nosotros, por lo que nos será más fácil hacer las entregas.

Piensa un momento en ello. Cuando estás relajado y contento, tus solicitudes son simples. "Me encanta ese abrigo, lo voy a conseguir". Una persona feliz no piensa "No me lo puedo permitir". Esa es una persona preocupada hablando.

Todas tus preocupaciones sobre el dinero frenan todas tus solicitudes de dinero. Las preocupaciones son los cambios y cancelaciones que ralentizan o detienen por completo la entrega de tus solicitudes.

¿Cómo?

Porque nos obligan a brindarte una experiencia diferente. Sea lo que sea lo que te preocupa, tenemos que entregarlo, y el problema es que no te gustan mucho los resultados. Y a nosotros tampoco.

Disfrutamos entregándote lo que quieres. Crea un flujo de energía suave entre tú y nosotros. Después de todo, estamos aquí para servirte y no hay una experiencia tan agradable como servir a una persona satisfecha. Solo queremos dar más y más.

Sin embargo, estamos obligados a entregar lo que sea que estés pensando, incluso si no te gusta. Ese es el principio de nuestro servicio. Y entregar algo que no deseas y que sigues ordenando es un trabajo duro en general.

Tú piensas "Necesito más dinero". Tenemos que hacerte llegar esa necesidad, y la forma más sencilla es organizar algunas facturas adicionales. Ni siquiera quieres abrirlas. Te sientes miserable. Definitivamente necesitas más dinero. Y entonces te vuelves a decir "Necesito más dinero". Tú eres un cliente muy insatisfecho, que recibe exactamente lo que ordena una y otra vez. Claramente, nadie te enseñó cómo ordenar correctamente para que realmente puedas disfrutar de los resultados.

Por lo general, la resistencia se acumula a lo largo de un período de tiempo, con este ciclo en el que tú necesitas dinero y nosotros te entregamos más facturas. Finalmente, te desesperas y luego una de dos cosas puede suceder.

Algunas personas simplemente se rinden. Incluso dejan de hablar de dinero. Comienzan a esconderse de todos los problemas.

En cierto modo, eso es fácil para nosotros. Al menos no tenemos que seguir brindando experiencias que odias. Pero, por otro lado, generalmente nos deja con libros llenos de solicitudes no cumplidas: todas las veces que querías pagar tus facturas y luego cancelabas su pedido, diciendo que no podías pagarlo. Las solicitudes no cumplidas son como deudas impagas: se ciernen sobre ti hasta que se cumplen, eso es porque tenemos que mantener el registro abierto hasta que se complete la solicitud.

La otra cosa que sucede cuando las personas se desesperan por el dinero es que deciden hacer algo. Consiguen un trabajo extra o encuentran alguna otra forma de aumentar su flujo de dinero.

Por supuesto, tenemos que trabajar más duro, pero nos da una gran oportunidad para cumplir con las solicitudes y completar las tareas, por lo que estamos felices de hacer el trabajo duro. Y vemos que gradualmente te vuelves más feliz, así que eso nos hace aún más felices.

Puedes ver a partir de esto que nuestros sentimientos están absolutamente vinculados con tus sentimientos. Nuestros sentimientos no son exactamente los mismos que los tuyos. Nunca nos sentimos deprimidos cuando tenemos que entregar cosas que no te gustan como, por ejemplo, facturas y deudas. Siempre cumplimos con nuestro deber y no experimentamos ninguna dificultad con eso.

Pero si puedes imaginar la resistencia que se acumula entre tú y nosotros –ya que te molesta todo lo que tiene que ver con el dinero en tu vida–, esa resistencia es la energía de movimiento lento. Es pesada y estática. Es una energía mucho más oscura; puedes sentir eso. Incluso sus caras se ven más oscuras cuando están preocupados.

Y cuando las cosas están fluyendo bien, ustedes son "clientes satisfechos"; el flujo de energía entre nosotros es mucho más rápido y brillante. De ahí que sus caras brillan cuando están felices, relajados y satisfechos.

Al igual que a todos los seres, nos atrae la luz, por lo que gravitamos naturalmente hacia aquellas experiencias que son más livianas, más rápidas y fluyen más, así como los árboles crecen hacia el cielo y los ríos fluyen hacia el mar.

Entonces, tus sentimientos son una especie de reflejo humano de nuestra experiencia. Cuando la energía fluye rápida y brillante, eres feliz y fluido. Cuando hay mucha resistencia, te sientes más oscuro y también te ves más oscuro.

Así que espero que puedan ver en esto que preocuparse por el dinero nunca va a funcionar. Es simplemente el enfoque equivocado cuando hay una brecha entre la cantidad de dinero que tienes y la cantidad que deseas gastar.

La buena noticia es que hay una solución a todas tus preocupaciones y hay una manera de resolver todos tus problemas financieros. Y ya estás en camino de aprenderlo.

Entonces, créenos cuando hablamos de disfrute. Está funcionando para todos los que lo hacen y funcionará para ti también, sin ninguna duda. Solo necesitas darte tiempo para ajustar tu enfoque.

29
Bloqueos de dinero

Así es como trabajamos. Cuanto más satisfecho estés como persona, más fluida será nuestra comunicación y cooperación.

Seamos muy claros aquí. Si no tienes dinero por alguna razón, no estás siendo castigado de ninguna manera. No tenemos capacidad para castigarte y ningún otro ser o fuerza puede castigarte en ningún momento. La vida no está diseñada de esa manera.

Sin embargo –como puedes ver cada vez más claramente–, existen formas más fáciles y más difíciles de operar, y tienen un profundo efecto en tu estilo de vida.

Realmente te recomendamos que te examines a fondo para descubrir dónde estás bloqueando el flujo de dinero en tu vida.

Hay tres áreas principales que pueden bloquearse y puedes verte afectado por cualquiera o todas ellas.

1. Tu solicitud inicial de dinero puede estar bloqueada.
Eso significa que, en realidad, no recibimos ninguna solicitud, por lo que ni siquiera abrimos un registro para ti. Esto generalmente ocurre en dos situaciones principales.

Una es que no ves ninguna opción para aumentar o cambiar tu estado financiero y, entonces, no tienes expectativas de aumento. En esta situación, simplemente no realizas ninguna solicitud. Si bien este es un lugar bastante estable, en realidad es contrario a la ley natural, porque la naturaleza siempre se está expandiendo o aumentando. Por lo tanto, tu demanda de dinero/cambio también debería aumentar. Así, este es un tipo simple de bloqueo.

El otro bloqueo en esta etapa es cuando la solicitud es tan vaga o poco clara o mal informada que no podemos entenderla, y nuevamente no podemos abrir un registro, por lo que no saldrá nada de ella. Ocurre cuando un deseo de dinero (o cosas por las que podrías pagar) es poco más que un ligero anhelo o molestia, pero nunca se convierte en una solicitud clara. Esto puede ser el resultado de una depresión o insatisfacción general, acompañadas de una sensación de impotencia para cambiar sus propias circunstancias.

2. El siguiente tipo de bloqueo ocurre después de que se ha formado una solicitud inicial y efectivamente hace que el pedido sea más complicado y ralentiza o impide la entrega. Esto ocurre cada vez que quieres algo, pero luego te dices a ti mismo que no puedes tenerlo, por ejemplo, porque *no puedes pagarlo*, o *no lo mereces*, o *no deberías tenerlo*, o sientes que *tendrás que esperar durante mucho tiempo o esperar hasta que cambien otras cosas*. Todos estos tipos de pensamientos ponen tu orden en espera, una vez que se ha abierto el registro inicial. Muchas de estas órdenes terminan en *espera indefinidamente*; esas son todas las cosas que deseas pero que nunca obtienes. Algunas se cumplen mucho más tarde, cuando dejas ir los pensamientos negativos que te detienen. Algunas comienzan a ser entregadas una y otra vez y se dan por cumplidas repetidamente. Puedes imaginar cómo va esto. "Realmente lo quiero, pero no puedo pagarlo. Lo recibiré el próximo mes, pero tal vez no debería. Esperaré y lo pediré para mi cumpleaños. No, tal vez nadie me lo dé. Realmente lo quiero, pero no estoy seguro de si alguna vez podré conseguirlo..." ¡Eso equivale a muchos registros!

3. El tercer tipo de bloqueo ocurre cuando has realizado una solicitud y comenzamos a entregarla y luego la detienes a mitad del flujo. Esto es muy común en los negocios, especialmente en los negocios más pequeños. Realizas una solicitud o estableces una meta para una determinada cantidad de dinero en una fecha específica. Las órdenes comienzan a llegar, la carga de trabajo comienza a aumentar y tú comienzas a quejarte. Cuando te quejas y deseas no tener que trabajar tanto, la solicitud se modifica de acuerdo con el nivel de trabajo que estás dispuesto a hacer. Las órdenes se cancelan o se ralentizan y, finalmente, ese objetivo original no se alcanza. Esto sucede si no estás preparado adecuadamente para un aumento en tus ingresos y todas las consecuencias que conlleva.

Puedes ver cuán importante es tu conversación interna en relación con el dinero. Si estás bloqueando inconscientemente el flujo de dinero, no hay absolutamente nada que podamos hacer para ayudarte, excepto educarte sobre el dinero para que entiendas lo que está sucediendo. En ese momento podrás comenzar a cambiar tu forma de pensar y sentir sobre el dinero y tus expectativas también cambiarán como resultado.

Todos estos bloqueos pueden superarse con un poco de práctica. De hecho, la solución es bastante simple. Te daremos algunas claves aquí. Antes de comenzar a hacer algo, te sugeriremos que primero te capacites en un área pequeña o en un proyecto pequeño, para que puedas probar que funciona y generar confianza. Hemos descubierto que, si las personas intentan cambiar todo su enfoque del dinero de una manera dramática, es mucho más probable que fracasen, porque se ven fácilmente afectadas por pensamientos negativos de los que no son conscientes. Las personas que primero hacen un proyecto pequeño y tienen éxito, naturalmente, intentan luego algo un poco más grande. De esta manera, desarrollan su confianza y pueden manejar los errores con mayor facilidad.

Cometerás errores a medida que aprendes, probablemente muchos, y esto es algo bueno. Pero si intentas un gran proyecto y cometes un gran error, puedes desanimarte mucho, incluso puedes causarte problemas financieros. Esto no es necesario. Si cometes un error en un proyecto pequeño, no perderás mucho, ¡ya sea en confianza o en finanzas! Por lo tanto, es un enfoque mucho más sabio tomar la forma simple y natural. Encontrarás que aprendes más rápido y lograrás mucho más y más rápido.

Tomemos cada bloqueo en orden.

1. Tu solicitud inicial está bloqueada.

Este es el bloqueo más fácil de superar. Simplemente necesitas decidir sobre la cantidad de dinero que deseas, o algo que deseas comprar, que está más allá de tu rango normal. Mantenlo pequeño al principio y solo una cosa a la vez. El enfoque más directo es escribir una oración como una de estas:

"Conseguiré un xxx".

"Recibiré $ xxx adicionales el próximo mes".

"Tendré $ xxx al final de xxx (mes o año)".

Así es. La solicitud ha sido hecha. Se registrará en nuestro sistema y el registro permanecerá abierto hasta que se entregue.

Te ayudará si realmente puedes imaginar los resultados que deseas, aunque eso no es esencial desde nuestro punto de vista en esta etapa. Es más útil para superar el segundo bloqueo.

Por cierto, no formules tu solicitud de ninguna de estas maneras, ya que no funcionan:

"Quiero $ xxx".

"Necesito $ xxx".

2. Tu solicitud se retrasa o se pone en espera.

El segundo bloqueo es el más difícil de superar porque proviene de tus conversaciones internas en el día a día y, a menudo, hay hábitos que apenas conoces. Aquí es donde ayuda tener una imagen muy clara de lo que quieres. Puedes usar tu imaginación para desarrollar una imagen de ti mismo disfrutando o usando el dinero, o lo que quieras comprar.

Si tienes alguna duda sobre alguna parte, tu pedido se ralentizará de inmediato. Por ejemplo, si dices: "Realmente me encantaría ir a Sudáfrica de vacaciones, pero no estoy segura de si a mi esposo le gustaría", ya estás nublando la imagen de tus vacaciones y no podrás tenerlas hasta que eso se resuelva.

Entonces, esta etapa es donde se hace la mayor parte del trabajo. Donde sea que encuentres algún problema o razón por los cuales no puedes o no debes obtener lo que deseas, debes abordarlos y cambiarlos. En el ejemplo anterior, debes hablar con tu esposo y convencerlo de que quiera venir, o aceptar ir a otro lugar, o decidir ir sin él. Si dejas esto sin aclarar, tu solicitud será bloqueada.

Si sientes que *no puedes pagar* lo que quieres, sigue las instrucciones del capítulo llamado "Tú puedes tener lo que te gustaría tener".

Si sientes que *no deberías tener algo*, tienes dos opciones. O realmente sientes que no deberías tenerlo por una buena razón (tal vez causará daños en otra área de tu vida), en cuyo caso simplemente cancela la solicitud y continúa con otra cosa. Sin embargo, si sientes que realmente lo quieres, y el sentimiento de "no debería" no es necesario (tal vez es sólo un sentimiento viejo que viene del pasado), entonces persuádete a tú mismo de que es absolutamente bueno tenerlo. Cada vez que escuches la palabra "no debería" en tu mente, cancela y date permiso para seguir adelante. Las primeras veces implicará un esfuerzo, pero después será cada vez más fácil.

Si sientes que *no mereces* algo porque no eres lo suficientemente bueno o no tienes el mérito suficiente, el enfoque es diferente. Debes saber que todo ser humano merece lo que quiera; de hecho, mereces mucho más de lo que imaginas que es posible. La vida y el dinero son ilimitados y, por lo tanto, lo que mereces también es ilimitado. Solo estás limitado por tu imaginación y tus expectativas.

No es fácil cambiar la sensación de no ser lo suficientemente bueno. Es por eso que debes hacer que tus solicitudes iniciales sean pequeñas, para que puedas aumentar tu confianza fácilmente. Afírmate una y otra vez que la vida es ilimitada, el dinero es ilimitado, tú eres ilimitado, puedes tener todo lo que quieras. Nadie puede detenerte. Es tu derecho, como ser humano, disfrutar y poder comprar cosas cuando lo desees. Solo necesitas aprender a ejercer ese derecho.

Sigue repitiéndote la palabra "ilimitado" hasta que comiences a sentirte bien por querer más. Es natural querer más de lo que tienes, por lo que te llegará si practicas. Observa a los niños pequeños estirarse para buscar más juguetes. Observa a los niños mayores que intentan adquirir más habilidades: andar en bicicleta, patinar, bailar, jugar al fútbol, etc. Mira a los adolescentes que desean más tecnología, más ropa, más amigos, más diversión, más libertad. Y observa a los adultos que quieren más dinero, más diversión, más experiencia y una vida más agradable. Esto es perfectamente natural. Cuanto más lo veas, más lo sentirás. Esto curará la sensación de no merecer lo mejor.

3. Tu solicitud se detiene a mitad del flujo.

El tercer bloqueo resulta de la inexperiencia y puede golpearte fácilmente cuando liberas los bloqueos 1 y 2. Cuando comienzas a obtener más dinero, puedes sentirte abrumado fácilmente. El dinero conlleva responsabilidad. Puede que tengas que trabajar más duro o asumir un mayor nivel de responsabilidad en el trabajo. Puedes asumir un proyecto más grande. Tendrás más para gastar y gastar dinero lleva tiempo. Algunas personas pueden estar celosas de ti y es posible que desees volver a donde estabas antes porque es más familiar y cómodo.

Puedes esperar que algunos de estos te golpeen en algún momento, pero cuanto más sepas de antemano, más podrás prepararte. Escribiremos en otra parte sobre cómo manejar tener más dinero; pero aquí hay algunos consejos para lidiar con esta etapa.

En primer lugar, debes saber que tu vida cambiará a medida que obtengas más dinero. Esto es inevitable y es bueno. Cualquiera que diga "Nunca cambiaré si tengo más dinero", habla por inexperiencia. Sólo sé que tendrás que aprender a manejar el dinero, tal como debes aprender todo lo demás en la vida. Si estás preparado para aprender y cometer errores, será fácil para ti. Si crees que ya lo sabes todo, estás equivocado.

¡Tú lo descubrirás! Así que prepárate para aprender.

Si estás en el negocio y experimentas un aumento demasiado rápido para ti, intenta esto:

1. Controla cualquier tendencia a quejarte. Sólo imagina a tus clientes que se quejan de todo. ¿Es fácil trabajar con ellos?

Cuando te quejas de tener que trabajar demasiado, estás ralentizando nuestro sistema de entrega y más tarde te sentirás decepcionado.

2. Oblígate a *encontrar soluciones* en lugar de entrar en pánico. Simplemente toma, cada problema que enfrentas, uno a la vez. Por ejemplo, largas horas, personal insuficiente, errores cometidos, problemas de flujo de caja, etc. Y busca una solución simple a tu alrededor. Estaremos muy cerca de ti, lo prometemos. Las soluciones a todos tus problemas están a la vuelta de la esquina. A menudo miras demasiado lejos por ellas. La clave aquí es tomar solo UN problema a la vez y resolverlo lo mejor que puedas antes de pasar al siguiente. Será un poco complicado por un tiempo, pero te sorprenderá lo rápido que las cosas se solucionan si adoptas este enfoque.

3. Recuerda que el aumento es natural. Tu negocio debe expandirse ya que esto te ayudará a crecer y desarrollarte. Ahora puede parecer incómodo por un tiempo, pero imagina cómo disfrutarás más tarde. Usa esto como motivación para ayudarte a disfrutar el desafío del crecimiento.

Algunos consejos prácticos

30
La manera simple y positiva de resolver problemas

Si observas la confusión general de los pensamientos, sentimientos y expectativas de la mayoría de las personas, verás que hay un desastre terrible. ¿Cómo podemos simplificar todo esto?

Esa es la pregunta correcta para hacer. Es solo a través de la simplicidad que realmente encontrarás alguna satisfacción, porque cuando eres simple puedes sentir y experimentar directamente el vínculo entre tus pensamientos y sentimientos y tu realidad.

Cuando estás complicado, tu transmisión se vuelve turbia, muchas solicitudes se mezclan y nunca tienes una idea clara de lo que está sucediendo y de cómo funciona.

Parece que necesitas tener un muy buen control sobre tus pensamientos para manejar esto, lo cual es bastante desafiante para los seres humanos, ya que tienden a generar muchos pensamientos.

Una forma más sencilla es concentrarte más en los sentimientos y las expectativas. Si te sientes realmente bien y tienes una perspectiva positiva sobre el futuro –y esos dos van muy de cerca–, tus solicitudes se realizarán y entregarán de manera simple. Las personas simples no tienden a cancelar las solicitudes a través de dudas o preguntas internas. Eso es lo que hace la gente más complicada.

Entonces, ¿qué pueden hacer las personas que saben que son complicadas?

Aprende a sentirte bien. Aprende a guiarte por tus sentimientos, no por tu mente. Aprende a acceder a sentimientos simples y positivos, en lugar de mezclar muchos sentimientos diferentes.

Esto es más fácil de lo que te das cuenta, una vez que observas que es realmente mejor ser simple. Si puedes ver la lógica absoluta en ser "simplemente positivo", querrás encontrar ese lugar en el que te sientes bien, porque es sólo a partir de ahí que puedes experimentar simplicidad y positividad. Cuando te sientes realmente bien, eres simple y positivo. De verdad es tan simple como eso.

Entonces, si eres una persona complicada, alguien que a menudo tiene dudas o titubea sobre qué hacer, hay una solución simple para que encuentres un gran aumento en la satisfacción con la vida. Simplemente disfruta de todo lo que estás haciendo. Más adelante podrás comenzar a cambiar *lo que* haces, pero antes que nada solo necesitas ver *cómo* lo haces.

Monitoréate para ver con qué frecuencia no te sientes bien, lo cual puede deberse a una variedad de razones, aparentemente buenas. Luego, encuentra una manera, paso a paso, de sentirte bien, sea lo que sea que estés haciendo.

Esto puede sonar imposible si tienes un trabajo aburrido o una relación difícil o familiares enfermos o cualquiera de las muchas razones que puedes encontrar para no sentirte bien.

Pero supongamos que no te gusta cocinar. Tienes que cocinar todos los días y te molesta tu familia por obligarte a esta situación. No importa lo que sea que sientas sobre cocinar o sobre las personas para las que cocinas, *todavía* estás cocinando. Si puedes encontrar a alguien más para hacerlo, ¡genial! Pero si estás cocinando de todos modos, ¿es realmente útil odiarlo? Podrías decidir disfrutarlo mientras tienes que hacerlo. Es solo una decisión, nada más.

A veces, cuando estás trabajando, te sientes frustrado; tal vez tienes problemas técnicos y nada parece salir como lo deseas. Ahora sólo imagina la diferencia:

1. Luchas para resolver los problemas, lleno de ira, nervios y frustración. Ya sabes lo difícil que es eso.

2. Sólo te rindes. Quizás resuelvas la frustración con bastante rapidez, pero cuando vuelves a la tarea, la enfrentas nuevamente.

3. Simplemente decides intentar con paciencia, porque de todos modos necesitas encontrar una solución. Puede ser muy difícil, pero no hay duda de que el enfoque del paciente funciona mejor.

Lo que la mayoría de ustedes no se dan cuenta es que es simplemente una decisión. Una vez que decidas ser paciente, lo serás. ¡Realmente es tan simple como eso!

¿Qué pasa con esos momentos en que no eres muy bueno en algo que tienes que hacer? Tal vez estás aprendiendo a conducir y tu copiloto se molesta contigo porque te estás costando un poco. Es fácil enojarse con la persona. O algunos de ustedes se sienten mal por dentro porque todavía no son muy buenos para conducir.

¿Crees que esos sentimientos te ayudan a conducir mejor? Por supuesto que no. Una vez más, es solo una decisión que puedes tomar, independientemente de lo que esté sucediendo a tu alrededor: *sentirte bien*. Puedes aceptar no ser un buen conductor todavía. Puedes entender la frustración de la otra persona. Pero tú sabes por ti mismo que sentirte mal no va a ayudar en absoluto, por lo que decide que, al menos, *te* sentirás bien.

Hay tantas situaciones en las que te permites sentirte mal y, en cambio, sencillamente podrías decidir sentirte bien. Realmente está en tus manos. De verdad es tan simple como eso. Y además, sentirte bien es realmente la manera más fácil de liberar tus bloqueos financieros. De lo contrario, tendrás que controlar tus pensamientos y la forma en que te expresas. Algunos de ustedes pueden hacer eso, pero es muy difícil controlar los pensamientos subconscientes, que son muy poderosos. Esta es una forma difícil que puede conducir a grandes problemas.

Por supuesto, necesitarás mucha práctica también para aprender cómo sentirte bien; pero si adoptas nuestro enfoque de hacer un poco a la vez, encontrarás que puedes aumentar tu capacidad con bastante rapidez.

31
Alcanzar una meta a tiempo

Te llevaremos a un viaje en el que aprenderás todas las habilidades que necesitas para lograr tu mayor objetivo. Cuando quieres lograr cualquier objetivo, debes concentrarte en ello. Eso significa que debes colocar la mayor cantidad posible de tu actividad en ese objetivo, especialmente cuando deseas alcanzarlo rápidamente. Es mucho más fácil lograr un objetivo a la vez que hacerlo con varios simultáneamente.

¿De qué se trata todo esto?

Significa que das todo tu tiempo y energía para conseguir ese objetivo.

Puedes establecer los parámetros que desees. Por ejemplo, puedes decir: "Resolveré este problema en tres días". Desde el momento en que decides, diriges todas las actividades hacia ese objetivo. Cuando te relajas es para la meta. Cuando caminas, vacías tu mente y te preparas para ese objetivo. Cuando navegas por Internet, es para el objetivo. Es tu primera y única prioridad del día y todo lo demás es secundario. Tu conversación, tus pensamientos y tus actividades rodean el objetivo con los parámetros que has establecido. Si es un objetivo desagradable o poco inspirador, te sugerimos que pongas parámetros positivos y ligeros, para que se supere rápidamente.

Este enfoque es la clave. Esto es lo que muy pocas personas hacen.

Cualquier cosa que pueda ser dirigida hacia la meta debe ser, por ejemplo, relajación, meditación, contemplación, ejercicio. Cualquier cosa que pueda hacerse más tarde debe dejarse.

Siempre pregúntate: ¿tengo que hacer esto ahora? Si no, no lo hagas. Usa tu mejor tiempo para el objetivo todos los días.

Cuando gestionas múltiples objetivos, debes ponerlos todos bajo un objetivo general y debes desglosarlos en objetivos individuales en los que puedas concentrarte intensamente en la medida de lo posible. Terminarás logrando mucho más de esta manera, a pesar de que al principio te dará miedo.

Ahora te daremos una serie de pasos. A medida que sigas los pasos, lograrás tu objetivo. ¡No te asustes!

Primero *debes* visualizar los resultados específicos que deseas. Debes seguir haciendo esto hasta que tengas 100% claro en tu mente lo que tiene que suceder para que se cumpla el objetivo. No te puedes saltar esta etapa. Aun cuando no puedas imaginar exactamente *cómo* se hará algo, *debes* imaginar *lo que* se hará. Así es como haces que la meta sea clara y alcanzable. Dale tiempo a esta etapa. Te dará confianza cuando entres en acción.

Luego, una vez que lo tengas claro como el cristal (y solo entonces), llama a tus ángeles guardianes para que te apoyen y te traigan el cumplimiento de la meta, en el momento y de la manera que has especificado. Después de eso, debes saber y ser consciente de que tus ángeles están trabajando para ayudarte a alcanzar la meta.

Luego, haz un plan de acción simple y espontáneo, anotando todas las claves que crees que serán importantes. El plan no tiene que ser perfecto, ya que cambiará todos los días, pero siempre necesitas un próximo paso (o algunos) para mantenerte en el camino.

Cuando no puedas encontrar el siguiente paso, detente y pide a tus ángeles guardianes que te guíen. *Nunca* gastes el tiempo sin saber el siguiente paso. Siempre pide a tus ángeles guardianes, a Dios o al Universo que te ayuden con esto lo más rápido posible. Esto te ayudará a mantener tu enfoque.

¿Qué hacer los fines de semana y otros momentos sin acción?

No hay tiempos de inactividad. Si ves una película, úsala para ayudarte a alcanzar tu objetivo. Si sales a caminar, practica despejar tu mente para poder desarrollar más espíritu para alcanzar la meta. ¡Usa cada minuto!

¿Qué hacer con todas las otras ideas que vienen?

Habrá menos de ellas cuando te enfoques correctamente, pero sabes que tendrán su momento, así que guárdalas rápidamente para que no te distraigan ahora. Vienen porque tu enfoque no está totalmente en el objetivo de hoy.

A veces tienes resistencia a algunos objetivos, especialmente si te los ha dado otra persona, por ejemplo, tu jefe. Esto se debe a que no te diste cuenta de que todos comparten la misma metodología: hacer solicitudes y cumplirlas. Crees que *tienes* que manipular situaciones para lograr lo que deseas, pero no es así. *Haremos* el trabajo por ti cuando tu solicitud sea lo suficientemente clara y tu disfrute se concentre lo suficiente. Tu trabajo es concentrarte en ser claro y disfrutar.

Te escuchamos preguntando "¿Qué pasa con la acción? ¿Qué debería estar haciendo realmente?"

Haz *tu plan* paso a paso. Cada vez que pierdas el siguiente paso, pide a tus ángeles guardianes que te lo den. Lo harán, te lo prometemos. Y nunca escuches a nadie que diga "No, no puedes hacer eso". Anula su mensaje con uno más positivo y más fuerte que cancele el suyo.

Esta es una forma muy nueva de operar y puedes comenzar a cometer errores, así que experimenta con proyectos pequeños que no importen demasiado. A medida que desarrolles tu confianza, comenzarás naturalmente a utilizar el mismo enfoque en otras áreas más importantes de tu vida.

32
¿Hay una manera simple de entrenar para ganar dinero?

Sí, por supuesto que la hay. Puedes pedirnos todos los días que te entreguemos una cierta cantidad. Al principio, es posible que haya algún retraso en nuestra entrega a medida que se configuran los sistemas. Es importante que no pierdas los nervios durante el período de espera; pero una vez que el sistema esté en funcionamiento, funcionará muy bien.

¿Cómo hacerlo?

La mejor manera es tomarse un tiempo todos los días para relajarte o meditar. Antes de comenzar, ten claro cuánto dinero deseas pedir. No es necesario saber cómo lo vas a gastar, puedes lidiar con eso más adelante.

Cuando estés muy relajado y abierto, háblanos como si estuvieras hablando con un amigo: puedes hablar solo o en voz alta. Simplemente dinos cuánto dinero quieres, pero vuélvelo una solicitud; por ejemplo, puedes usar estas palabras, "Por favor, ¿me darán/traerán $ xxx?"

Al principio es mejor no dar una fecha, pero una vez que hayas practicado por un tiempo, también puedes darnos una fecha de entrega.

La clave del éxito aquí es simplemente que no canceles ni reduzcas tu solicitud durante el día. No puedes permitirte el lujo de preocuparte por el dinero si adoptas este enfoque. Además, no puedes dudar de tu capacidad para ganar o recibir dinero.

La mejor manera es ser feliz todo el día, lo que sea que estés haciendo, y hacer una solicitud por día. Nunca necesitas repetir una solicitud, pues siempre la escuchamos la primera vez. Sólo sé simple y feliz.

También puedes pedir algo habitual. Por ejemplo, puedes decir "Dame un salario de $ xxx" o "Dame $ xxx por semana".

Este es el método más simple de todos. Es esencial que estés contento y tus solicitudes sean claras. Recuerda que debes continuar siendo feliz, incluso si tu carga de trabajo y otras responsabilidades aumentan; si puedes lograrlo, estarás muy satisfecho con tus resultados.

Haz de esto un hábito diario y te sorprenderás de lo rápido que comienza a funcionar.

33
Acción requerida para ganar dinero

Hay muchos consejos contradictorios en estos días sobre el aspecto de la acción de ganar dinero. Tus empresarios están muy orientados a la acción, pero se agotan fácilmente en el proceso de ganar dinero. En el otro extremo están las personas más espirituales que quieren ganar dinero creyendo y manifestándose y esforzándose increíblemente, pero casi no llegan a ninguna parte.

Tenemos que mirar a los afortunados: los que saben lo que quieren y encontrarlo les resulta fácil, sin tener que luchar, trabajar demasiado o estresarse. ¿Qué es lo que tienen esas personas afortunadas y cómo puedes desarrollarlo para ti?

Ante todo, son simples. Saben lo que quieren y se apegan a una cosa principal a la vez. No tienen dudas, vacilación ni culpa por lo que quieren. Simplemente van por ello, sea lo que sea, y lo disfrutan cuando obtienen.

Esto es evidentemente importante porque significa que hacen solicitudes simples y claras que luego no se contradicen, cambian o cancelan, lo cual optimiza la velocidad con la que podemos entregar sus solicitudes financieras.

Luego, son lo que ustedes llaman "afortunados". No pierden el tiempo preocupándose por las cosas. Disfrutan de lo que hacen y disfrutan de una amplia gama de actividades, sin culpa, miedo o vergüenza. Esto, nuevamente, ofrece condiciones óptimas para la entrega.

Y el tercer punto clave es su apreciación. Realmente aprecian y disfrutan todas las cosas y servicios que compran, ya sean autos y casas o pequeños artilugios simples, verduras frescas o un buen libro. Este tipo de apreciación simple –como hemos descrito en otra parte– hace que sea muy fácil para nosotros entregar cada vez más y más.

Pero tú quieres saber acerca de la acción: ¿qué hacen realmente para obtener dinero?

Esa es una pregunta interesante porque su acción significativa está ocurriendo en dos niveles. Por supuesto, están ofreciendo algún tipo de servicio por el que se les paga, pero esto es muy natural para ellos. No es un trabajo duro. Cualquier cosa que parezca un trabajo duro va en la dirección equivocada. Hacen sus tratos en el campo de golf; se asocian con colegas de negocios durante las comidas; se divierten con el personal y lo aprecian inmensamente; disfrutan los negocios y no se preocupan por eso; Lo toman como una aventura, pasando de un desafío a otro, por la diversión de la experiencia. Entonces, esta es la acción de hacer, y verás que incluso nuestra manera de describir esta acción es más como una actitud que como una lista de trabajos.

Pero la otra acción es la pura positividad de las personas muy afortunadas. Son personas que no ven problemas sino desafíos. Es el disfrute de la vida lo que los hace afortunados y, especialmente, su capacidad de compartir eso con los demás. Este también es un tipo de servicio: puedes verlo como un servicio al universo, no sólo a tus compañeros humanos, y es este servicio el que se recompensa con lo que llamas "suerte".

De hecho, no es "suerte", sino más bien un tipo de regalo que les llega porque su disfrute y apreciación crean una puerta abierta para la entrega de más y más.

No hay tanta gente como esta, pero esperamos que puedas identificarte con esta descripción porque ahora vamos a ver cómo puedes copiar a estas personas de manera que consigas aumentar tu suerte.

Puede sonar difícil para aquellos de ustedes que tienden a preocuparse y trabajar duro, pero déjanos decirte una cosa de inmediato. *¡Todos* saben cómo disfrutar, al menos un poco, y *todos* saben cómo no trabajar duro! Puede que no todos sepan cómo trabajar duro, pero eso no importa, porque lo que queremos que aprendan y practiquen es a disfrutar, a no ser serios ni trabajar duro.

¿Alguna vez has notado que cuanto más duro trabajas, menos cosas parecen ir bien para ti? ¿Y luego intentas trabajar más duro y empeora? No estamos abogando por ser perezosos aquí, pero sí decimos que *debes* disfrutar de lo que sea que estés haciendo si deseas aumentar tu suerte. A veces trabajarás largas horas en algo, o parecerá que estás trabajando duro, pero si disfrutas haciendo un trabajo realmente bueno, no será un trabajo duro para ti.

Una vez que obtengas este disfrute, descubrirás que eres guiado de una actividad a la siguiente, casi sin tener que planificar o pensar, y naturalmente harás lo correcto.

La mayoría de ustedes dedican demasiada energía a pensar y planificar lo que necesitan hacer, y dejan muy poco tiempo para descubrir cómo pueden disfrutar más de su vida. Es un gran cambio transformar eso, pero, por otro lado, nadie querrá evitar que disfrutes de lo que estás haciendo, ¡especialmente en el trabajo!

Puede que te sorprendas de la cantidad de tiempo que no estás disfrutando, si eres realmente honesto al respecto, así como también puedes sorprenderte de lo fácil que es comenzar a cambiar eso.

Aquí hay una buena manera de comenzar. Simplemente toma una pequeña parte de mañana, digamos una hora o una tarea en particular, y planifica hoy lo que harás para disfrutarlo realmente. Luego, asegúrate de poner en práctica tu plan mañana y haz lo mismo para el día siguiente.

Después de 10 días haciendo esto todos los días, puedes aumentar tu disfrute, digamos a dos horas o una tarea un poco más larga. Nuevamente, tómate un tiempo para planificar cada día cómo vas a disfrutar ese tiempo al día siguiente y asegúrate de hacerlo realmente.

Después de otros 10 días, puedes aumentar nuevamente, llevándolo a alrededor de tres horas. Probablemente descubrirás que el disfrute ya se ha expandido más allá de las dos horas por día pero, aun así, simplemente mantén el hábito de planificar algo de disfrute todos los días de manera consciente y sigue aumentando cada 10 días, hasta que disfrutes sinceramente cada minuto de tu día.

Esta "acción" te recompensará más allá de cualquier planificación normal y de las listas de tareas pendientes. No solo te sentirás mejor y más feliz todos los días, sino que también te encontrarás volviéndote cada vez más afortunado.

Solo queremos enfatizar que la clave de este ejercicio es la planificación: todos los días para el día siguiente. ¡Esto es lo que te hará exitoso!

34

Administrar el tiempo cuando quieres más dinero

El tiempo es una de las principales razones por las que fracasas en tus esfuerzos por ganar más dinero, especialmente cuando no tienes experiencia.

Dominar el tiempo es crítico si quieres tener éxito, pero no estamos hablando de algo complicado o difícil aquí, y cuando lo entiendas sabrás qué hacer.

Las personas que tienen mucho éxito tienen un buen control del tiempo y son capaces de hacer que muchas cosas sucedan muy rápidamente; sin embargo, cuando recién comienzas tienes que practicar la paciencia. Eso es lo que te garantizará resultados.

Hemos hablado ampliamente sobre cómo puedes hacer tus solicitudes de dinero y cómo mantenerlas simples. También hemos explicado cómo evitar que se retrasen o cancelen, principalmente siendo feliz y disfrutando todo lo que haces, de forma que no te nublen las dudas o las vacilaciones.

Ahora, sólo imagina por un momento cómo funciona y comprenderás por qué requiere paciencia, especialmente al principio.

Cuando deseas más dinero del que tienes actualmente, deberá provenir, en la mayoría de los casos, de una nueva fuente. Esto significa que es necesario crear y activar nuevas conexiones para garantizar que el dinero te sea entregado. Por ejemplo, si construyes una nueva casa en el campo y deseas que te provean agua, electricidad, teléfono y correo, no sucede de la noche a la mañana. No sólo es preciso instalar todas las tuberías, cables y buzones en la casa, sino que también se requerirán nuevos cables y desagües, desde el centro más cercano, y se necesitarán nuevos servicios. Es más complicado que cuando estás en una casa que ya tiene esos servicios en funcionamiento. También es mucho más complicado si es la primera vez que construyes una casa. A un constructor le resultará fácil establecer todas las conexiones para muchas casas.

Entonces, puedes imaginarte a ti mismo como una persona que está construyendo su primera casa en el campo y tienes que establecer muchas conexiones nuevas, para que puedas ganar más dinero. En muchos casos, ni siquiera sabes qué conexiones hacen falta realmente para lograr tus objetivos. Lo más difícil es cuando crees que sabes lo que necesitas, pero, de hecho, no es lo correcto. Eso es como llamar a la compañía equivocada para obtener tu electricidad o tu línea telefónica y luego preguntarte por qué no pueden ayudarte.

Nuestro trabajo es establecer todas esas conexiones cuando decidas que quieres más dinero. Hacemos esto creando oportunidades para ti. ¿Alguna vez te has dado cuenta de que cuando tomas una decisión de que quieres algo nuevo, te "tropiezas" con personas u oportunidades que pueden ayudarte, a pesar de que no las conocías antes? Somos nosotros, trabajando.

La situación más difícil para nosotros es cuando estás dando vueltas tratando de hacer tus propias conexiones, porque a menudo vas en la dirección opuesta a la que intentamos señalar. Creamos una oportunidad para ti, acá, pero apenas lo notas porque tu mente está corriendo hacia allá, en una dirección completamente diferente. Esto es muy normal para ti, ¡pero ralentiza mucho todo!

No necesitas averiguar de dónde vendrá el dinero. Créenos, podemos hacer un trabajo mucho mejor que tú. Tu trabajo es:

1. Estar dispuesto y listo para ofrecerte a ti mismo en servicio a los demás, ya sea que eso signifique vender productos o servicios, ayudar a otras personas, crear negocios o muchas otras posibilidades.

2. Estar preparado para hacer cosas que no has hecho antes. Esto se debe a que si deseas aumentar tu riqueza, algunos aspectos de tu servicio tendrán que ser nuevos y mayores de lo que estabas haciendo anteriormente.

3. Disfrutar de lo que estés haciendo ahora, porque esto crea la menor resistencia y nos permite continuar con nuestro trabajo; también te mantiene simple y evita que canceles tu solicitud.

4. Di sí a las oportunidades. Esto es importante. El mayor bloqueo para recibir más dinero es decir que no cuando surge una oportunidad. Con frecuencia ni siquiera te das cuenta de que estás haciendo esto. "Lo siento, me encantaría ir a tu fiesta, pero estoy muy cansada / no tengo una niñera / estoy trabajando hasta tarde esta noche". Y perdiste la oportunidad de conocer a la persona que te abriría una nueva puerta. ¡Nunca sabes lo que te perdiste y tenemos que encontrar otra forma de unirlos!

Este es nuestro mayor desafío con los seres humanos. Tenemos muchas oportunidades excelentes para ti, de las cuales no tienes idea, pero nuestro problema es llevarte al lugar correcto, en el momento correcto y en el estado de ánimo adecuado. Ciertamente nos ayudas a ser creativos ya que constantemente encontramos diferentes formas, cada vez que uno de nuestros intentos falla.

Realmente sería mucho más fácil si pudieras esforzarte más en ser feliz y disfrutarlo *todo*, porque esto causaría menos resistencia. ¡Tienes *tantas excusas*! Estoy cansado. No tengo ganas. Estoy demasiado ocupado. Estoy deprimido. No me gusta hacer eso. Yo, yo, yo, yo...

No te diste cuenta de que tus oportunidades se te presentan fácilmente cuando disfrutas y aprecias tu vida, y puedes decir sí a las nuevas ideas.

¿Puedes ver ahora por qué se necesita paciencia cuando comienzas a aumentar tu flujo de dinero? Primero, tenemos que crear oportunidades para ti, lo que significa que tenemos que establecer nuevas conexiones para ti. Entonces, necesitas estar en el lugar correcto, en el momento correcto, en el estado de ánimo adecuado, para reconocer y decir sí a la oportunidad. Es ahí cuando las cosas comienzan a suceder. Y a menudo, en este punto, todo parece ir demasiado rápido y disminuyes la velocidad nuevamente porque temes no poder manejarlo. Puedes, de hecho, pero no te das cuenta de esto.

Entonces, cuando eres principiante, cada etapa es un desafío; no obstante, podemos asegurarte que nunca nos daremos por vencidos una vez que se haga una solicitud, sin importar cuántos juegos nos hagas jugar para ayudarte a lograr tu objetivo. Nuestra única solicitud para ti también es nunca rendirte. Entendemos que necesitas tiempo para aprender. La mayoría de ustedes ni siquiera sabe que existimos, entonces, ¿cómo se podría esperar que sepan cómo funciona todo la primera vez?

En cualquier caso, a medida que tengas más experiencia, encontrarás que tu velocidad aumenta y el tiempo entre que realizas la solicitud y obtienes lo que deseas disminuye, hasta que tus conexiones sean tan rápidas y extendidas que puedas obtener lo que quieras cuando lo desees.

Desarrolla todo tu potencial financiero

35
Eres un creador

Este es el dinero hablando. Realmente estamos hablando contigo y entendemos lo que quieres y lo que necesitas en tu vida financiera. Estamos conectados directamente con cada pensamiento que tengas sobre el dinero. Somos tu sistema de entrega. Creamos tu realidad financiera en colaboración contigo.

Si no tienes dinero en este momento, no puedes culparnos, pero tampoco puedes negar nuestra parte en tu situación. Somos socios. Somos *yin* y *yang*. Somos la otra parte (invisible) de todos tus pensamientos, sentimientos y expectativas sobre el dinero.

Tú puedes ser pobre o, de hecho, también puedes ser rico, debido a la forma en que cumplimos con tus solicitudes. Es nuestra cooperación la que debe cambiar, si deseas cambiar tu situación financiera.

Estamos seguros de que ya estás mucho más claro al respecto después de todo lo que te hemos dicho. Realmente, sólo necesitas comprender nuestra relación y todo comenzará a funcionar mucho mejor para ti.

Vamos a explicarlo de esta manera. Eres un creador. Tienes ideas, visiones y deseos que pueden convertirse en realidad. Si tienes muy pocas ideas o ideas limitadas, tu realidad será limitada. Si tienes muchas ideas poderosas, puedes convertirlas en una realidad poderosa.

Las ideas no son suficientes, pero son el primer signo o prueba de que eres un creador.

¿De dónde vienen tus ideas?

¡Vienen de nosotros! En otras palabras, no puedes tener ninguna idea sobre el dinero si no estás conectado con la energía del dinero. Pero eso no quiere decir que sean *nuestras* ideas. Puedes imaginarnos como una tienda que tiene muchas posibilidades u oportunidades disponibles para que selecciones lo que deseas. Cuando eliges cualquiera de esas oportunidades, "tienes una idea", y se convierte en tuya. Algunas ideas sólo son seleccionadas por una o dos personas en todo el mundo. Otras son elegidas por muchas personas, pero cada persona "tiene esa idea" y siente que es su idea. Es su idea en la medida en que sólo se convertirá en algo si *reaccionan y hacen algo con ella*. De lo contrario, se atrofiará gradualmente y desaparecerá.

Entonces, el primer paso de la creatividad es una colaboración entre tú y nosotros. Si no seleccionas y aceptas nuestras oportunidades (tus ideas), no pasa nada.

El siguiente paso es el proceso de convertir esas ideas en realidad, mediante una serie de pensamientos, ideas adicionales, deseos y solicitudes. Cada paso es una simple colaboración entre tú y nosotros. Ninguno puede lograr nada sin el otro.

Conviertes nuestra energía, nuestras oportunidades, nuestro potencial, primero, en ideas y, luego, en realidad, mediante una serie continua de solicitudes. Entregamos tus solicitudes brindándote más oportunidades y potencial.

Es difícil de explicar porque es muy natural y normal y no puedes funcionar sin esta relación. Es como tratar de imaginar una moneda que sólo tiene una cara. Es imposible.

Somos potencialidades que tu conviertes en ideas. Entregamos tus ideas al brindarte más potencial. Cuando nos atrapas y nos haces tuyas, o nos traes a tu vida, te entregamos su realidad a ti, no a otra persona. Estamos disponibles para todas las personas en todo momento, pero sólo aquellos que eligen interactuar con nosotros pueden beneficiarse de nuestro potencial y, entonces, sólo si operan de acuerdo con las leyes que rigen nuestra relación.

Ya ves, eres *nuestro* sistema de entrega. Conviertes *nuestro* potencial en realidad material. Y somos *tu* sistema de entrega. Convertimos *tus* ideas y solicitudes en realidad material al brindarte oportunidades.

Vamos a desmenuzar eso un poco más.

Creamos potencial, o *somos* potencialidades. Cuando te conectas con nuestro potencial, tienes una idea o un deseo, algo que deseas crear.

Cuando expresas tu deseo a los demás o a ti mismo, comenzamos a reaccionar brindando todas las posibilidades que pueden cumplir tu deseo: personas, trabajos, dinero, etc. Te conectas con las posibilidades: hablas con las personas, obtienes o das trabajos, transfieres dinero, de modo que tu idea o deseo original toma forma gradualmente.

En cada etapa, te proporcionamos un potencial que se convierte en realidad cuando lo aceptas como tuyo. Si no lo aceptas, no lo recibes, por lo que no lo experimentas.

Nuestro potencial se alcanza cuando lo haces tuyo.

Tu potencial se realiza cuando nos haces tuyos.

Eso es. Cuanto más sepas, más directamente podrás actuar.

Es posible que necesites algo de tiempo para reflexionar sobre esto. Estás acostumbrado a sentirte muy solo en tu mundo. Tus ideas sobre nosotros son confusas e inexactas la mayor parte del tiempo, por lo que este es un gran cambio en tu comprensión; sin embargo, te abrirá enormes puertas para expandirte, lograr más de lo que soñaste y disfrutar de la vida más allá de toda imaginación.

36
Administración del dinero

Muchos de ustedes trabajan duro para administrar su dinero y muchos de ustedes no. Pero ninguno lo maneja tan bien como podría.

Si deseas administrar tu dinero de manera muy efectiva, debes comenzar desde el punto de vista de que el dinero no es limitado. Por lo tanto, la administración financiera no es el arte de asignar recursos limitados a diferentes áreas de necesidad en tu vida; es la asignación de tu energía y tiempo a diferentes áreas de aprendizaje que, naturalmente, se encargarán de esas necesidades.

Expliquemos esto con un poco más de detalle.

Planeas tu jubilación, cuando ganarás menos y puedes tener costos crecientes para la salud y el cuidado. A menudo te preocupas por esta parte de tu vida. Contratas un seguro de vida para cerciorarte de que tu familia esté financieramente segura si mueres temprano. Contratas un seguro de salud, a menudo durante toda la vida, para garantizarte que puedas obtener la mejor atención médica cuando la necesites.

Todo muy sensato desde tu punto de vista, pero todo basado en la comprensión errónea. Si pasas tus años de juventud aprendiendo y practicando las habilidades de poder obtener lo que quieras, cuando quieras, ¿crees que esas habilidades te abandonarían tan pronto como te jubiles? Es imposible. Una vez que hayas dominado esto, lo tendrás de por vida. No tendrás que preocuparte por el dinero ni planificarlo nunca más.

Seamos claros aquí. No recomendamos que dejes de hacer lo que estás haciendo. Asegúrate de estar completamente cubierto y de tener una buena pensión a tu disposición, para darte tranquilidad. Pero hazlo rápido y luego invierte tu tiempo y energía para aprender este nuevo enfoque de la vida, que te liberará.

Cada vez que planificas una póliza de seguro, nos envías una solicitud relacionada con problemas en el futuro: accidentes, enfermedad o muerte. El aspecto financiero es nuestra área y ya hemos descrito cómo manejamos tus solicitudes. Lo que no describimos es la otra parte. Cuando contratas un seguro de vida, estás planeando tu muerte. Cuando contratas un seguro de salud, está planeando tu enfermedad. Cuando contratas un seguro contra accidentes, planeas tener un accidente. Todas estas solicitudes tienen que ser atendidas, igual que tus solicitudes financieras. No las tratamos directamente, pero hay otros departamentos que registran y satisfacen tus solicitudes de salud y vida útil, tal como lo hacemos con tus solicitudes financieras.

Por lo tanto, te recomendamos que aprendas a desarrollar la confianza financiera, la prosperidad y el cumplimiento para permitirte olvidar todas estas convenciones sociales y simplemente trabajar de una solicitud a la siguiente, satisfaciendo cada necesidad a medida que se presente. Mientras tanto, asegúrate de enseñarle lo mismo a tu familia, para que nunca dependan de ti económicamente. Imagina la libertad que ganarás.

Puede tomar de 10 a 20 años aprender esto a fondo, pero eso no importa. Si no lo haces, llevarás de 10 a 20 años practicando una vida normal con las preocupaciones financieras normales, por lo que realmente no tienes nada que perder.

Queremos volver a enfatizar que en ningún momento te sugerimos que renuncies a tus prácticas financieras normales. De hecho, te recomendamos que mantengas todo funcionando normalmente, excepto por que te tomes un tiempo cada día para aprender la nueva manera.

Los resultados te permitirán liberarte gradualmente de las viejas formas de trabajo y de gestión financiera, pero este será un proceso natural. A medida que ganes confianza y éxito, tus resultados te llevarán a tomar nuevas decisiones.

37
Todos tienen potencial para ganar mucho dinero

Todos tienen el potencial de ganar mucho dinero siempre que puedan cumplir con las condiciones de comportamiento que estamos estableciendo aquí. Y debes saber que todos pueden cumplir con esas condiciones de comportamiento. Nadie está excluido de esto, sean cuales sean las circunstancias.

Puede parecer que es muy difícil para algunas personas debido a condicionamientos pasados o circunstancias personales. Pero queremos decir esto MUY CLARAMENTE. Lo único que impide que alguien gane más dinero (o incluso mucho más dinero) es la falta de educación.

Por supuesto, al igual que en la escuela, algunas asignaturas son más fáciles para algunos estudiantes que otras; pero el dinero es simple y, por lo tanto, está al alcance de cualquiera, incluidos niños, personas con discapacidades físicas y mentales y otras personas que al principio podrían parecer excluidas.

Si alguien puede estar interesado en ganar dinero, o puede quererlo, puede hacerlo. Es probable que no consigan un trabajo regular –hay muchas formas diferentes de obtener dinero– pero siempre es posible aprender cómo obtener lo que quieres por medios honestos, sin engañar a nadie, si lo deseas.

Y, por cierto, esto se aplica especialmente a los niños que a menudo tienen mucho interés y motivación por ganar dinero, pero rara vez se les permite, excepto en la forma más controladora y antinatural de darles dinero de bolsillo.

El problema con el dinero de bolsillo es que no aprenden a dar nada a cambio del dinero, por lo que establece expectativas equivocadas para el futuro. Pueden aprender fácilmente que el dinero llega automáticamente o, a menudo, que está vinculado con alguna noción de buen comportamiento, que rara vez se define claramente.

Con qué frecuencia se usa el dinero de bolsillo como una amenaza. "Si no dejas de hacerlo, no recibirás dinero de bolsillo esta semana". Este tipo de amenaza puede ayudar en un momento dado (por lo general, sólo ayuda un poco), pero el mensaje a largo plazo que recibe el niño es que el dinero está relacionado de alguna manera con el buen comportamiento.

Esto es muy injusto para los niños. Tienen una gran oportunidad para enseñarles desde una edad temprana cómo ganar dinero, prestando un servicio, pero en lugar de eso, los confunden dándoles el dinero sin razón aparente y luego amenazando con quitarlo si se portan mal.

Las consecuencias de este tipo de comportamiento son la confusión, la falta de comprensión sobre el dinero y el egoísmo. Las consecuencias prácticas son que se vuelven cada vez más exigentes a medida que envejecen, porque sienten que no tienen un control real sobre lo que pueden o no pueden comprar.

Cuando tienen que volverse financieramente independientes, generalmente están totalmente perdidos, porque no tienen una base sólida de los principios del dinero. Tienden a estar muy confundidos acerca de la conexión entre dinero y servicio. Muchos de ellos terminan haciendo trabajos insatisfactorios, sólo para ganar dinero, porque nunca han aprendido la verdadera recompensa de brindar servicio a los demás. Esto debería implantarse en su experiencia, lo más jóvenes posible, para ayudarlos a verse a sí mismos como contribuyentes valiosos y valorados por la comunidad.

Tú puedes tener la impresión de esta lectura de que el dinero lo es todo. NO LO ES. No es lo más importante en la vida. Pero *no puedes prescindir de algún mecanismo de intercambio*. Ustedes son seres sociales y tienen necesidades que van más allá de su capacidad individual de abastecimiento. *Deben* intercambiar cosas y servicios entre sí. Y para hacer eso, ya sea que realices un trueque, pagues en conchas, en efectivo o electrónicamente, necesitas la energía del dinero. Somos el combustible de tu sistema de intercambio. Sin nosotros tu sociedad no puede funcionar. Puedes desarrollar métodos de intercambio cada vez más sofisticados y darle nuevos nombres, pero esta energía siempre estará allí, de una forma u otra.

Todo ser humano *debe* aprender a administrar el dinero, ganar dinero, gastar dinero e invertir dinero. Estás privando a las personas de uno de los elementos esenciales de la vida, tan esencial como la comida, el refugio, el aire, el agua y la familia, si no les enseñas sobre el dinero.

Lo extraordinario es que, en la mayoría de los casos, no se enseña nada sobre el dinero en las escuelas, y no estamos hablando aquí sobre el nuevo enfoque que estamos introduciendo en este siglo. Estamos hablando del hecho de que no se brinda *ninguna educación*, como si fuera inmoral, o demasiado personal, o un asunto familiar privado. *¡No lo es!*

Cada niño, en cada escuela, tiene conciencia del dinero. Cada niño necesita algo de dinero o algo de intercambio para ir a la escuela, ya sea simplemente tener zapatos o libros o materiales educativos mucho más sofisticados. La mayoría de los niños también están interesados en el dinero y pueden aprenderlo muy fácilmente desde una edad temprana. Mira cómo a los niños pequeños les gusta jugar juegos de compras.

Los cálculos necesarios para ser relativamente habilidosos con el dinero son los cálculos que los niños están aprendiendo entre las edades de 7 a 12 años, por lo que no hay razón por la que no puedan usar situaciones financieras reales para practicar su aprendizaje.

Pero la razón más importante para enseñarles a los niños sobre el dinero es que, a la edad de 7 a 11 años, su fe es muy fuerte y pura, por lo que pueden aprender fácilmente cómo enviar solicitudes financieras simples y cumplirlas. Raramente piensan lo suficiente como para retrasar la entrega y están muy abiertos a esta edad para creer en cosas a las que los adultos se resisten actualmente. Si los niños pueden aprender las nuevas formas de ganar dinero, llevarán estas habilidades a la edad adulta y pondrán fin a la actual confusión mundial sobre el dinero.

38
Actualización de tus sistemas sociales

El cambio principal que está teniendo lugar en tu planeta es como una "actualización de software" en tu sistema social. Puedes imaginar que tus valores sociales y éticos se están actualizando, pero esto es muy perturbador para tus sistemas actuales, y especialmente para las personas que los dirigen, es decir, aquellos en el poder.

Cuando se actualiza un sistema social, suceden varias cosas, y puedes esperar experimentarlas todas.

Una actualización suele ir precedida de un colapso gradual del sistema antiguo y un juicio cada vez más compartido de que no está a la altura del estándar que se requiere para la sociedad actual. Puedes ver esto sucediendo en toda tu sociedad en este momento, especialmente en educación, atención médica, servicios sociales, servicios para los pobres y desfavorecidos, política, religión y otras áreas. En toda tu sociedad, la gente dice que se necesita cambiar la forma en que se organizan los sistemas. También tienen dudas sobre los sistemas de defensa y mantenimiento de la paz, los de protección ambiental, los de protección social, incluso la protección de la información personal y la propiedad personal/intelectual está en tela de juicio.

Este tipo de preguntas generalizadas indican que se requiere una actualización, porque llega un punto en que los sistemas antiguos ya no pueden repararse mediante un mantenimiento regular. Necesitan un cambio de versión.

Cuando el cambio de versión comienza a tener lugar, se da una perturbación mucho mayor. El primer cambio consistió en muchas preguntas y crecientes quejas. La siguiente etapa implica la falla directa de los sistemas.

Es complicado porque no sabes lo que está sucediendo y no puedes suspender tu vida mientras se está instalando el nuevo sistema actualizado. Esto significa que puede haber mucha resistencia al cambio a medida que las personas intentan proteger los viejos sistemas familiares, sin darse cuenta de que están en proceso de mejora.

Durante los últimos años, has visto grandes crisis financieras y económicas, muchos desastres físicos/ambientales y algunos escándalos y conductas sociales terribles. Estas son las señales de que, de hecho, el nuevo sistema ha comenzado a instalarse y el antiguo sistema se está cayendo gradualmente, pero el proceso es mucho más doloroso y perjudicial de lo que debe ser porque muchos de ustedes eligen enterrar la cabeza en la arena y se niegan a aceptar y recibir el cambio.

El siguiente paso, a medida que los nuevos sistemas comienzan a funcionar, es que muchas personas que solían ejecutar los viejos sistemas pierden poder y se forman nuevos grupos de poder entre aquellos que tienen la capacidad de liderar y ejecutar los nuevos sistemas. Esto es, por supuesto, muy confuso para ambos grupos. Los viejos grupos de poder temen perderlo y pueden entrar en pánico. A menudo toman acciones cada vez más dramáticas para tratar de detener los nuevos sistemas por completo. Puedes ver algo de esto en los intentos de tu sistema médico para desempoderar a los sistemas de salud más naturales y modernos que están ganando popularidad.

Simultáneamente, los nuevos líderes y expertos a menudo no están seguros de cuánto poder tienen realmente. Carecen de experiencia de liderazgo y a menudo están bajo un fuerte ataque durante un tiempo por parte del antiguo sistema. Puede llevarles un periodo largo ganar confianza y familiarizarse con lo que están haciendo. Esto, por supuesto, no se ve ayudado por el hecho de que muchos de ustedes se niegan a admitir cuán profundos son los cambios que están experimentando.

Por supuesto, llega el momento en que la nueva actualización está completamente instalada y en funcionamiento, y hay un lapso de relativa estabilidad y apertura mental. La gente está más dispuesta a aprender en esta etapa porque los sistemas son nuevos para todos.

Esto llegará a su tiempo, pero actualmente todavía están experimentando las dos primeras etapas y sólo vislumbran la tercera, por lo que todavía hay un largo camino por recorrer.

Cuando tus religiones comienzan a abrirse y aceptar nuevos enfoques sobre la vida, y cuando tus sistemas sociales se basan en el desarrollo de un potencial ilimitado en todas las personas, y cuando tus sistemas de salud se basan en mantener una salud excelente (en lugar de luchar contra las enfermedades), y cuando tus sistemas de defensa se basan en mantener la paz y la felicidad mundiales, no en defender tus límites o tus recursos, y cuando tus sistemas financieros se basan en la comprensión global de que la riqueza es ilimitada para todas las personas, sabrás que has sido completamente actualizado.

Eso es un gran cambio para los seres humanos, por lo que tendrá muchas interrupciones en el camino, de eso pueden estar seguros. Habrá, y ya existe, una resistencia muy fuerte por parte de los actuales poseedores del poder.

Pero debes saber, en todo momento, que esta actualización no se trata de menospreciar a aquellos que son ricos y poderosos ahora, para que un nuevo grupo de personas sea rico y poderoso. Esta actualización hace que la riqueza y el poder personal estén disponibles para todos los que estén dispuestos a compartir su riqueza y poder con todos los demás. Únicamente los egoístas perderán, y sólo hasta que aprendan la nueva forma. Nadie necesita ser excluido de este cambio.

Aquí no hay lugar para el triunfalismo por parte de nadie. Cada ser humano debe aprovechar sinceramente la oportunidad de aprender los nuevos sistemas, que le ofrecen un gran potencial, no sólo para la riqueza y el poder personal, sino también para la salud y la felicidad y muchas experiencias nuevas que aún no pueden imaginar.

No te preocupes si suena demasiado idealista o sencillamente imposible. Cuando se realiza una actualización importante como esta, hay mucha ayuda disponible. Serás guiado de la mano hasta que te sientas cómodo y confiado en los nuevos sistemas. No explicaremos eso ahora, tal vez más tarde, pero simplemente puedes saber que la nueva sociedad que estás creando es mucho mayor que tu sociedad actual.

39
Demasiados secretos

¿Por qué tienes tantos secretos sobre el dinero? ¿Por qué te da vergüenza decir cuánto ganas? ¿Por qué evitas compartir tu información financiera? ¿Y por qué escondes más, cuanto más dinero tienes?

Dos razones:

1. Porque crees que el dinero es limitado, por lo que si tienes mucho, eso significa que tienes más de lo que te corresponde.

2. Debido a que crees que el dinero es de alguna manera malo o inmoral, entonces tratas de cubrir tu inmoralidad no hablando de ello.

Pero esto no es correcto o verdadero y no durará.

Si comprendes que el dinero es ilimitado, nunca tendrás miedo de compartir cuánto tienes porque sabes que todos pueden tener tanto o más si lo desean. Algunas personas pueden querer ocultar lo poco que tienen, porque no son conscientes de que pueden aprender a ganar más, pero eso sólo será por ignorancia.

Si comprendes que es moral ganar dinero, estarás orgulloso de tus actividades y del servicio que brindas al mundo, y, por supuesto, de la recompensa que recibes por ello.

Realmente lo tienes todo tan mezclado.

¿Cómo puedes imaginar que es moral no tener dinero? Cuando no tienes dinero, es porque nadie te paga por nada y sólo hay dos razones para ello. O no estás dispuesto a proporcionar ningún servicio a otros o no puedes hacerlo.

Si no puedes proporcionar el servicio, generalmente es porque eres demasiado joven, demasiado viejo, demasiado enfermo o careces de la capacidad física o mental.

Claramente, los jóvenes necesitan, para empezar, aprender a prestar un servicio muy simple. Pueden comenzar, alrededor de los cuatro o cinco años, ayudando en la casa o haciendo cosas simples para otras personas.

Muchas personas mayores son perfectamente capaces de proporcionar un servicio altamente valioso, basado en años de experiencia. El único problema aquí es que la gran mayoría de las personas mayores han aceptado su mito cultural de que ya no son capaces. ¡Qué absurdo! Pregúntales si son capaces de hacer cosas para ayudar a otras personas. Por supuesto que lo son.

El tercer grupo es el que es menos capaz física y mentalmente. Además, muchas personas que actualmente no son "aceptadas" para trabajar, son perfectamente capaces de hacerlo con algo de apoyo. Estás mejorando lentamente (muy lentamente) en ayudar a trabajar a las personas que tienen menos capacidad física o mental que la mayoría. En el futuro, verás que muchas de estas personas pueden proporcionar un servicio profundamente valioso, *sólo* por sus discapacidades, o más bien porque en realidad no están discapacitadas. Tienen otras habilidades que aún no valoras porque todavía no has evolucionado lo suficiente como para entenderlo. Esto no es cierto en todos los casos, pero hoy por hoy estás etiquetando erróneamente a muchas personas que encontrarán su lugar en tu sociedad futura.

Ahora llegamos a aquellos que *no están dispuestos* a trabajar. Puede que no reconozcan esto. Muchas personas piensan que no pueden encontrar trabajo. Han creído que los trabajos son limitados y que los tiempos son difíciles. No es su culpa, pero tampoco es cierto.

Siempre es posible encontrar algún servicio que puedas realizar para otras personas, a cambio de dinero. Puede ser simple. Tal vez no sea un negocio formal, pero siempre es posible. Muchos de ustedes son reacios a que se les pague por el servicio que ya brindan con su corazón y amor. Sienten que recibir dinero, de alguna manera, abarataría lo que hacen.

¿Pero por qué?

¿Por qué deberías dar tanto y no ser recompensado por ello para que puedas comprar más y disfrutar de una vida más rica y abundante? El dinero no reemplazará la recompensa emocional y espiritual que ya estás recibiendo, pero te mejorará al darte más oportunidades.

Muchos de ustedes son reacios a medir el valor de sus actividades. Les gusta mantener el dinero fuera de su vida, pero nuevamente les preguntamos por qué.

Debes saber que cada acto que realizas, o no realizas, se mide de alguna manera, no en tu mundo sino en el nuestro. Podemos poner un valor exacto en toda tu contribución. No usamos dinero, como tú lo haces. Tenemos muchos sistemas sofisticados para medir la energía de tus actividades y cómo contribuyen al desarrollo de tu sociedad y los sistemas más amplios a los que perteneces.

El problema es que tus puntos de vista sobre el dinero te impiden recibir tus recompensas por tus contribuciones. Cuando dices que no quieres que te paguen por cuidar a familiares enfermos, pero necesitas desesperadamente más dinero para pagar tu propio estilo de vida, nos lo pones muy difícil. No podemos crear una oportunidad para que te paguen.

Por supuesto, entendemos que el dinero no consigue reemplazar la buena sensación que puedes tener al ayudar a otras personas. Pero, ¿es posible para ti entender que el dinero realmente puede hacerte sentir mejor contigo mismo y darte la capacidad de servir a muchas más personas?

Cuando te falta dinero, estás realmente limitado en el servicio que puedes proporcionar; a menudo, sólo tu familia llega a beneficiarse de tu amor y generosidad. Cuando tienes más dinero, puedes dar mucho más. Consigues organizar a otros para ayudar a las personas; puedes compartir tu experiencia con ellos; puedes dirigirlos y llegar a muchas más personas que necesitan ayuda.

Es probable que sientas que no tienes suficiente capacidad, pero esto no es cierto. Siempre puedes hacer más, si tienes el dinero y el apoyo para darte más libertad. Puedes aumentar tu capacidad de servicio, simplemente porque lo deseas. Y es realmente bueno para ti.

¿Logras ver que es egoísta limitar tu potencial financiero? Te mantiene restringido en lo que puedes ofrecer a las personas y restringido en lo que puedes contribuir a la sociedad. Posiblemente te haga sentir seguro y protegido (en un terreno familiar) pero no te satisface. Puedes hacer mucho más y dar mucho más, si sabes cómo.

En el futuro, tu contribución será mejor recompensada porque se te educará para aceptar dinero y todas las recompensas que podemos ofrecerte por tu servicio. Comprenderás que el dinero es positivo; simplemente una señal de que estás haciendo una contribución valiosa y estarás orgulloso (no arrogante) del dinero que recibes.

Te alegrará aprender a ganar dinero y te complacerá proporcionar un servicio a los demás a cambio, porque este es el flujo del universo. Esto te dará placer, disfrute y autoestima.

Muchos de ustedes actualmente carecen de confianza y auto-estima e incluso están deprimidos. Esto es simplemente porque no se han dado cuenta de que tienen una gran capacidad para dar a los demás y, a cambio, recibirán mayores recompensas, financieras, emocionales y espirituales.

No hay culpa aquí. No pasa nada, sólo que puedes cambiar fácilmente tu situación a medida que comprendes mejor cómo funcionan las cosas.

Por favor, comprende que, quien quiera que seas, por pequeño o insignificante que te sientas ahora, tienes mucho que ofrecer a otras personas. Tu capacidad es realmente ilimitada y tus recompensas también serán ilimitadas. Puedes aprender esto y cambiarte a ti mismo, y es más fácil de lo que piensas.

40
El disfrute como fuente de dinero

Sabemos que te resulta difícil creer que estamos diciendo que el disfrute es la acción más importante para ganar dinero, junto con el envío de solicitudes claras. Deseas saber qué deberías hacer todo el día, cómo planificar tu negocio y qué tipo de lista de actividades necesitarías desarrollar.

Entendemos esto, porque esa es la forma en que las personas han tenido éxito en el pasado, pero tus sistemas financieros están evolucionando y la forma del pasado está cambiando, actualizándose a una mucho más ligera.

Por supuesto, no estamos diciendo que no necesites hacer nada en absoluto. Ese no es el punto. Si deseas dinero, debes brindar algún servicio a otras personas, pero no hay ninguna razón por la cual ese servicio deba ser arduo o desagradable.

Todos en el mundo quieren disfrutar de la vida, divertirse y ser felices. También quieren estar saludables y en forma. Quieren ser ricos y poder gozar de un alto nivel de vida. Quieren tener buenas relaciones, familias felices y una vida social agradable. Pero ¿cuántas personas conoces que tienen todo esto?

¿Por qué la gente no disfruta de todo esto? Porque no saben cómo hacerlo.

Entonces, si deseas trabajar en un área donde realmente puedes disfrutar y divertirte, ¿por qué no convertirte en alguien que pueda ayudar a otras personas a divertirse? Cualquiera puede aprender esto y, si consigues aprender, puedes transmitirlo a otras personas. Y si puedes transmitirlo, se te puede

145

pagar por ello. Y si logras crear sistemas para transmitirlo a muchas personas, se te puede pagar mucho dinero.

Por supuesto, este no es el único trabajo disponible. Es posible disfrutar de cualquier trabajo que puedas hacer, y te sugerimos sinceramente que disfrutes al máximo lo que hagas. Pero si estás buscando una nueva dirección que, como tu trabajo, te brinde un verdadero disfrute, te recomendamos que examines esos aspectos de la vida que te hacen feliz y satisfecho. Descubre lo que te falta, lo mismo que a muchas otras personas, apréndelo y pásalo.

Esto te traerá una doble recompensa. No sólo ganarás dinero sino que tu propio disfrute de la vida aumentará mucho, y eso elevará tu nivel de energía y aumentará tu contribución mucho más.

Ya puedes ver a muchas personas tomando este camino de aprender nuevas cualidades y luego compartirlas con otros. Pero todavía se ha contactado a muy pocos. En el mundo occidental, la mayoría de las personas trabajan por "dinero limitado" y "disfrute limitado". Todavía no se han despertado con "dinero ilimitado" y "disfrute ilimitado". En los nuevos países ricos, como China e India, existe una fuerte búsqueda de dinero, pero poco disfrute real. En muchos países pobres hay mucha lucha financiera y mucha necesidad.

En los próximos 10 a 20 años, más y más personas pagarán por servicios que los ayuden a ser más felices. Tienen una crisis global de preocupación y lucha y ha llegado el momento de desafiar esta forma de vida. Se formará una nueva economía alrededor de la industria del verdadero "bienestar", a medida que las personas comiencen a darse cuenta de que este bienestar trae recompensas en todos los aspectos de la vida.

El estar realmente bien atraerá dinero y oportunidades. Serás mucho más saludable de lo que puedes imaginar y tendrás familias felices que no luchan, odian y se lastiman mutuamente. Disfrutarás de un trabajo satisfactorio y gratificante.

No se imaginen que durante mucho tiempo necesitarán personas para hacer todos los trabajos serviles con los que ahora se ocupan. Los robots pronto limpiarán las calles, abastecerán los estantes de las tiendas, procesarán boletos en los cines y realizarán cualquier otra tarea mecánica. Ya estarías usando muchos más robots si no tuvieras tanto miedo al cambio. Todas aquellas personas que actualmente están haciendo estas tareas ingratas y no satisfactorias podrán aprender nuevas habilidades, mucho más gratificantes, compartirlas con otros y ofrecer servicios.

No se necesitan genios, por ejemplo, para hacer una curación natural. Muchas personas que actualmente trabajan en empleos sin futuro y con poca recompensa financiera son ideales para ser sanadores naturales. No necesitan siete años de capacitación académica, como los médicos, porque el proceso de curación natural es simple, agradable, seguro y efectivo.

¿Qué tal expertos en felicidad en lugar de psicólogos? Cualquiera puede aprender a ser feliz. Y si alguien comienza como una persona muy infeliz y logra un buen nivel de felicidad, imagina cuán poderoso puede ser un maestro o un terapeuta, lleno de experiencia para superar la infelicidad o la depresión. No se requiere un título académico para aprender la felicidad. Se requiere determinación y habilidad, pero muchas personas que actualmente trabajan en los trabajos más pobres pueden adquirirlas.

¿Qué pasa con las personas en lo que tú llamas países en desarrollo? ¿Tendrán que seguir luchando con la vida diaria?

No, si no quieren. Mientras más servicios brinden, más dinero crearán. Cada persona que toma la decisión de encontrar una manera honesta de ganar dinero aumenta la economía a su alrededor. Es como las ondas en un estanque. Sólo se necesitará un pequeño movimiento de personas cercanas a aquellas con más ingresos disponibles para que se renueve la oferta de servicios y cualquiera que esté cerca comenzarán a beneficiarse. A medida que un grupo gana y gasta más, otro grupo ingresa al círculo económico, seguido de una ola de personas que ofrecen mejores o mayores niveles de servicio, hasta que las olas se extiendan por todo el mundo.

La clave para ti ahora es disfrutar, porque esto es lo que muchas personas buscan aprender o desarrollar, así que tienes una gran oportunidad aquí.

Entonces, de una manera, disfrutar de tu vida te hace simple, abierto y capaz de recibir lo que quieras, sin bloqueo. Pero de otra manera, el disfrute está en el corazón de la nueva economía. El disfrute se está convirtiendo, cada vez más, en una mercancía. Se crearán muchas nuevas formas de disfrute para satisfacer la enorme hambre entre los seres humanos por una vida más agradable.

Ganar más y más rápidamente

41
Cómo ganar dinero rápidamente

Todos quieren saber cómo ganar dinero rápidamente.

Esto es posible, pero tenemos que decirte que se vuelve mucho más fácil con la práctica. Muchos de ustedes están tan desesperados que no se dan tiempo para aprender y luego llegan a la conclusión equivocada: que es imposible ganar dinero rápidamente.

Sí, sabemos que lo que quieres decir es que tienes problemas urgentes que deben resolverse hoy y no puedes esperar mientras aprendes.

Ese puede ser el caso, pero no cambia las reglas por las cuales opera el dinero, por lo que realmente tienes dos opciones: comenzar a aprender ahora o darte por vencido y continuar como estás.

Sin embargo, no estamos siendo tan duros como parecemos. Hay muchas cosas que puedes hacer, cuando estás en una situación desesperada, que funcionan y te ayudarán a ganar tiempo. Puedes encontrarlas difíciles de creer y complicadas de hacer, pero queremos decirte esto.

Cuando estás en una situación desesperada es porque no has entendido las leyes del dinero. Tan pronto como comiences a seguir las leyes, tu situación cambiará. Puedes comenzar hoy, ahora mismo. No aprenderás todo en un día y cada cosa que aprendas hará la diferencia. Suponemos que has estado construyendo tu situación desesperada durante bastante tiempo, por lo que se basa en años de no entender las leyes del dinero. Si dejas las cosas como están, todo permanecerá igual, así que pregúntate cuánto más desesperado estás dispuesto a estar antes de prepararte para cambiar.

Bien, aquí están los primeros pasos, y vamos a tratar de hacer esto práctico.

1. No te preocupes más por tu situación.

Sí, sabemos que no es fácil para ti, pero tenemos que decirte que la preocupación es la forma más sencilla de evitar obtener dinero o resolver cualquier problema financiero. La preocupación no solo no te ayuda a encontrar soluciones; en realidad, cierra tus posibilidades porque envía una corriente casi continua de pensamientos negativos sobre el dinero. Por ejemplo, "Estoy tan preocupado por la factura que tengo que pagar hoy (lo que significa que no tengo dinero / No puedo pagar / Nunca podré pagarla / No podré pagar hasta que sea demasiado tarde..." ¿Reconoces estos pensamientos? Tan solo recuerda que tenemos que entregar (o cumplir) todos tus pensamientos, ¡difícilmente traerán nuevo dinero!

2. *Toma el control de tu situación.*

Muchos de ustedes entran en pánico cuando tienen problemas de dinero y dejan de tener claro exactamente cuánto dinero realmente necesitan. Algunos se niegan a sumar todas sus deudas. Otros dejan de abrir facturas cuando llegan por correo. Algunos más simplemente se vuelven demasiado susceptibles cada vez que surge el tema del dinero y ya no pueden funcionar en el mundo financiero.

Tenemos que decirte que necesitas controlar la situación, POR DIFÍCIL DE ENFRENTAR QUE RESULTE. Tómate un tiempo para escribir todo lo que necesitas en primer lugar, incluso si parece imposible de lograr. Luego, agrega todo lo que deseas, de modo que termines con una lista clara de deudas y deseos y una cifra total clara que estás buscando. Esto puede ser una sola suma de dinero, una cifra mensual o anual o incluso un plan de 2 a 5 años. No es importante cómo lo juntes. Lo importante es que los números sean claros.

Ahora, tómate un tiempo para mirar estos números SIN EMOCIÓN. No te permitas sentir miedo, pánico, ansiedad, ira, culpa, vergüenza ni ninguna otra emoción negativa. Simplemente dite claramente el número o números que estás buscando. Eso es suficiente para lanzarnos una solicitud de dinero. Sólo asegúrate de mantenerlo claro y simple. Puedes regresar y pedir más más tarde, en cualquier momento, pero es mejor si presentas una nueva solicitud de dinero adicional, de modo que no cancele ni confunda esta.

3. Estar abierto a nuevas oportunidades.

Debes saber que ahora te has abierto a nuevas oportunidades para ganar dinero. No puedes obtener más dinero con el mismo comportamiento que te trajo menos (no suficiente). Hay dos lados para esto, dar y recibir. Primero debes poder recibir dinero adicional. Alguien puede ofrecer darte o prestarte dinero poco después de realizar tu solicitud. A menudo nos sorprende la cantidad de ustedes que rechazan tales ofertas, incluso si acuden a ustedes exactamente cuando más las necesitan. Acepta con el corazón abierto. Un regalo es realmente un regalo. Tienes suerte y no hay vergüenza en recibir dinero. Recuerda que cuando hayas resuelto todos tus problemas financieros, también podrás dar dinero cuando lo desees. Si alguien te ofrece prestarte dinero, debes saber que significa que hemos organizado un suministro de dinero para ti en el futuro, que te permitirá pagar tu deuda, por lo que debes aceptar la ayuda y hacer una nota mental clara de que lo devolverás a tiempo.

Pero no es suficiente poder recibir dinero. También debes poder brindar tu servicio, y más aún que antes, si deseas recibir más dinero. Esto no tiene que significar que debes trabajar más duro. También podrías aumentar el valor de tu trabajo para que en menos tiempo te traiga más efectivo. Pero, nuevamente, a menudo nos sorprende la cantidad de ustedes que necesitan desesperadamente más dinero y que no están dispuestos a dar más para recibirlo. En este caso, es muy difícil para nosotros ayudarles porque no podemos dar dinero sin algún intercambio. Hay numerosas formas de intercambiar servicios, y aquí es posible mucha creatividad, pero estamos obligados en todo momento a mantener el equilibrio del intercambio o, de lo contrario los sistemas dejarán de funcionar.

Te aseguramos que podrás administrar el servicio adicional que necesitarás proporcionar. De hecho, será muy bueno para ti y te brindará más oportunidades interesantes, así que no tengas miedo de trabajar más duro para elevar tu nivel. Serás ayudado en todo el camino.

4. Sé prudente en tus gastos.

Algunos de ustedes tienen lo que llamamos una mentalidad de lotería hacia el dinero, especialmente cuando están acostumbrados a tener muy poco y de repente reciben más de lo que esperaban. Es posible que hayas notado que te sientes más relajado y seguro cuando tienes dinero en tu billetera o cuenta bancaria. Te da una sensación de seguridad. Por lo tanto, te sugerimos que hagas todo lo posible para conservar una parte de todo el dinero que recibes para que te brinde esa seguridad y confianza. La forma más sencilla de hacer esto es establecer un porcentaje –incluso 5 ó 10% hará una gran diferencia– y ponerlo en una cuenta separada o guardarlo. Al principio, no se trata tanto de cuánto estás ahorrando. Puede llevar un tiempo poder ahorrar correctamente. Pero la confianza que te brinda ayuda a deshacerte de la preocupación y el miedo y te hace más propenso a atraer más dinero.

Puede haber momentos en que sea difícil lograr esto, pero es importante que comprendas cuánto necesitas tener confianza en el dinero. Si pudieras convencerte hoy de tener tanta confianza en el dinero como un hombre o una mujer ricos, instantáneamente te volverías rico tú mismo. Por lo tanto, mientras aprendes, date todas las oportunidades de obtener resultados rápidos, ya que velozmente te librarás de problemas y comenzarás a jugar con dinero y a divertirte con él.

Te deseamos la más rápida mejoría posible. Nada nos da más placer que trabajar con alguien que está despertando a su aptitud y capacidad para atraer y ganar dinero y lograr todas las grandes cosas que nunca pudo lograr cuando era pobre.

42
Cómo ganar más dinero hoy

Y ahora quieres aprender a ganar dinero hoy.

Esto también es posible y se vuelve muy simple. Recuerda que el dinero es el fluido del intercambio, por lo que si quieres dinero hoy tienes 3 enfoques que puedes adoptar, todos basados en la pregunta "¿Qué tengo que cambiar?"

El primer enfoque –y a menudo el más simple– es verificar si hay algo que ya hayas dado o suministrado en el pasado y que pueda pagarse hoy. Esto puede parecer obvio, pero muchos de ustedes pierden esta oportunidad porque no piden el dinero. Puede ser un servicio que tú suministraste antes del pago; puede ser un préstamo que le hiciste a otra persona, o incluso un préstamo que otra persona te ofreció en el pasado. La clave aquí es que si deseas maximizar tus posibilidades de obtener dinero hoy, lo solicitas de manera clara y sencilla, sin ninguna emoción o confusión. No necesariamente tendrás éxito, pero si no preguntas y solo esperas, tus posibilidades serán mucho menores.

Una vez que hayas verificado todas tus opciones en el primer enfoque, es hora de abordar con calma el segundo enfoque, que se basa en el presente. ¿Hay algún servicio o producto que puedas suministrar hoy y que se pague hoy? Si existe, sólo hay que seguir adelante y hacerlo. Organiza lo que sea necesario y asegúrate de solicitar el pago hoy, claro y simple.

Si esto no te ha traído suficiente dinero, el tercer enfoque es mirar hacia el futuro y preguntarte "¿Hay algo que pueda vender hoy y suministrar en el futuro?" Por ejemplo, algunos servicios se pagan por adelantado. Alternativamente, alguien puede estar dispuesto a prestarte dinero hoy, que devolverás en el futuro.

No hay magia en estos tres enfoques, pero muchos de ustedes no son sistemáticos cuando necesitan dinero, por lo que creemos que les ayudará ofrecerles un método tan simple.

¿Qué pasa si todos estos métodos fallan? ¿Hay algo más que puedas hacer? Por supuesto, porque puede haber algún pago posible, que tú no conoces, pero sabemos cómo hacerlo realidad.

Si deseas activar este método, es extremadamente importante que no entres en pánico o te preocupes cuando los otros tres métodos fallan; de lo contrario, ¡pondrás en peligro cualquier posibilidad de éxito! El método ya te será familiar. Por favor haz una solicitud clara. Este tipo de redacción funciona bien: "Debo tener $ xxx hoy" o "Debo tener $ xxx mañana a las 6 p.m." Asegúrate de que no digas "Quiero..." o "Necesito..." porque tendremos que mantenerte deseando/necesitando en ese caso.

Debes saber que siempre es posible que te suministremos dinero extra mientras estés abierto a él. Las razones más comunes por las que falla este enfoque simple son:

Realizas tu solicitud y luego te preocupas de que no funcione.

Tu solicitud no es sincera, porque realmente no crees que sea posible.

No tienes la costumbre de brindar servicios (o suficientes) para poder mantener un equilibrio de intercambio. En cierto modo, eso significa que no podemos otorgarte "crédito" porque tu registro sugiere que es posible que no puedas pagarlo.

Esto también es algo que puedes practicar diariamente porque mejorarás en ello; pero lo más importante en lo que puedes concentrarte es en construir un sistema de intercambio a tu alrededor para que el dinero siempre esté disponible para ti en el futuro.

Moralidad y valores

43
Por qué es inteligente ser honesto con el dinero

Este es un tema importante y que puede sorprender a las personas que sienten que ya son honestas sobre el dinero. Esto depende mucho de cómo consideres la honestidad y de quién la juzgue.

Ya sabrás que mantenemos registros de cada transacción financiera, incluso la que te imaginas por unos pocos momentos. Esto significa que también tenemos acceso a los registros de todo el servicio que brindas a otras personas, ya sea pago o no. Nosotros no guardamos estos registros de servicio, pero debido a que son una parte intrínseca de lo que hacemos, tenemos acceso instantáneo a ellos en todo momento.

En este punto, se asigna un valor a todas tus actividades que se pueden medir y comparar con el valor de otras personas y otros servicios, produciendo una imagen muy precisa del valor de tu vida hasta ahora, y también podemos predecir el valor futuro probable, aunque, por supuesto, esto es menos preciso porque a veces cambias de dirección o de actividades de una manera que no esperamos.

Muchos de ustedes tienen cierta conciencia de su valor y del valor de su servicio, porque tienen una idea de si les pagaron demasiado, muy poco o la cantidad correcta por cualquier actividad o trabajo. A veces, sin embargo, sus sentimientos no son muy precisos, lo que significa que algunos se sobrevaloran o se subestiman.

Quizás te preguntes cómo puede suceder esto, dado que mantenemos tantos registros y estamos tan íntimamente involucrados en todos tus asuntos financieros. La verdad es que tienes un alto nivel de libertad en tu forma de pensar y, por lo tanto, en cómo estableces tus valores, y no tienes que usar nuestro sistema en absoluto. En términos generales, esto no hace ninguna diferencia en nuestro sistema, incluso cuando estás bastante alejado de nuestros valores. Es más o menos como si se mantuvieran dos sistemas separados, el tuyo y el nuestro.

¿Cuál es el punto de esto, te preguntarás?

Bueno, ante todo, tienes libertad para actuar como quieras durante tu vida. Si establecemos todos tus precios y valores de acuerdo con nuestro sistema, no sentirías ninguna libertad en la vida y no sería divertido para ti. Serían como robots financieros, preprogramados sin ningún sentido personal de valor y sin ninguna variación entre ustedes; pero no es así como está diseñado tu mundo.

La segunda parte es que nuestro sistema de valoración tiene un propósito diferente, ya que lo usamos como uno de los muchos sistemas de mantenimiento de registros para evaluar el valor general de tu contribución a la vida. Esto no se usa con el propósito de juzgar si aprobaste o fallaste, o si tuviste éxito, sino más bien como parte de un sistema de revisión, que te brinda datos objetivos mediante los cuales puedes tomar decisiones sobre tu dirección y aprendizaje futuros. Consideramos que los datos son muy útiles de esta manera porque puedes tomar decisiones mucho mejor fundamentadas cuando tienes claro exactamente lo que has logrado o contribuido durante tu vida, en lugar de dejarlo en manos de tus sentimientos, lo cual no es muy preciso, o en el juicio de otra persona, que puede ser difícil de aceptar.

Como sabes, la conexión entre tu mundo y el nuestro es muy fuerte –no puedes funcionar sin nosotros–, pero a menudo no eres consciente de esto. Sin embargo, muchos de ustedes son sensibles a nuestros movimientos y actividades y parte de nuestra información les llega en forma de alguna sensación o sentimiento o vaga comprensión.

Entonces, ¿qué tiene que ver todo esto con la honestidad?

Es simple. Cuando te engañas a ti mismo o a otras personas buscando hacer algo con dinero que no es totalmente abierto y honesto, los cálculos aún se hacen en nuestro mundo. Cuanto más difieran tus cálculos de los nuestros, más incómodo o fuera de sincronización es probable que te sientas. Este no es un gran problema si simplemente te sobrevaloras en comparación con nuestro sistema o incluso si te subvaloras. Puedes sentirte un poco fuera de equilibrio o no estar 100 % seguro de tus precios, pero esto no es demasiado difícil de manejar. Sin embargo, cuando engañas deliberadamente en tus cálculos, por ejemplo, tomando dinero que no es tuyo por derecho propio, incrementas enormemente la sensación de estar fuera de sincronización. Esto se debe a que has creado un sistema de valor totalmente artificial, mediante el cual te llega dinero que no te pertenece, no porque te hayas dado sinceramente un valor –lo que tienes todo el derecho de hacer– sino porque has creado deliberadamente un falso valor para ti mismo.

Por ejemplo, cuando no pagas algún impuesto adeudado, te das un valor más alto de lo que sinceramente consideras que es debido, al retener dinero en tu cuenta bancaria que pertenece a otro lugar. Esto es bastante diferente de simplemente cobrar tu tiempo a una tasa más alta porque crees que vale la pena.

Los humanos no se sienten cómodos con tener un sistema de doble contabilidad. Si te das un valor de acuerdo con lo que crees que vales, te sentirás cómodo contigo mismo y con los demás, incluso si es diferente de nuestra valoración. Cuando robas dinero (en cualquiera de las formas posibles, no necesariamente robando directamente) tienes, efectivamente, dos valores: aquello por lo que trabajas y, luego, la parte extra que no es tuya.

Esto crea una especie de bucle falso en el sistema de información, ya que nos envía un flujo de números dobles: números para tu trabajo o contribución principal y números para el dinero extra que estás tomando, que no se conectan con tu sentido de valor personal.

Por ejemplo, toma a alguien que trabaja a tiempo completo y reclama algún beneficio gubernamental de manera fraudulenta. Nos dan la información de su valor a través de su trabajo. Puede ser más o menos de lo que realmente quieren o sienten que valen, pero honestamente se negocia y se reclama. Luego, además, comienzan a tomar dinero extra del conjunto de beneficios que, con razón, pertenece a otra persona, aunque es posible que no lo piensen de esta manera. Se están dando otro valor, que no está vinculado a ninguna actividad o servicio, y están reduciendo el valor de otra persona al mismo tiempo. Comenzamos a recibir números que no están conectados con ningún intercambio: se encuentran "flotando" y no tienen un lugar correcto en los registros.

El sistema comienza a perder el equilibrio cuando hay números "flotantes" porque no podemos mantener el saldo del cambio. No hay una explicación que podamos mantener para estos números porque no están equilibrados por el servicio. Es poco probable que unos pocos números flotantes pequeños le causen a alguien un gran problema. La mayoría de ustedes tiene algunos de ellos en algún lugar de su vida. Si tienes muchos de ellos, comienzas a deber mucho servicio para contabilizarlos, y este es un servicio que no tienes planes de proporcionar. Tu vida se vuelve cada vez más desequilibrada (por lo general, te sientes cada vez más incómodo) y no tienes medios para reparar el equilibrio. Incluso si cometes un fraude grave y vas a prisión por muchos años, eso no arregla las cosas. Los números continuarán flotando hasta que brindes servicio a otros, de una forma u otra, para equilibrar el dinero que tomaste.

No puedes evitar esto. Es una deuda con el universo y, eventualmente, debe equilibrarse mediante algún servicio adicional en algún momento. Muchos de ustedes que se ven obligados a hacer gran cantidad de servicios no pagados en esta vida están pagando esas deudas de vidas anteriores; aunque también hay otras razones para el servicio no pagado.

Por lo tanto, te recomendamos que seas sincero y honesto en tus negocios financieros. Puedes cometer errores. A veces todavía tendrás que pagar por ellos (para ayudarte a aprender), a veces no, pero el engaño deliberado y consciente del sistema nunca se olvida hasta que tu servicio equilibre los números flotantes. Y en ese caso es nuestra evaluación de tu servicio la que se utilizará para determinar cuándo se ha suministrado suficiente servicio. No determinarás tu propio valor. En última instancia, es por tu propio bien, ya que es esencial mantener el equilibrio a lo largo del tiempo, para que puedas continuar aprendiendo y desarrollándote pacíficamente.

Puedes pensarlo como un balance de tu vida. Cuando ambos lados están equilibrados –lo que pones y lo que sacas–, tu vida es tranquila y sientes que mereces lo que tienes. Cuando no has aportado lo suficiente para justificar lo que has sacado, no puedes tener paz verdadera, hasta que restablezcas ese equilibrio. Nunca es demasiado tarde para hacerlo. Todos los registros permanecen abiertos hasta que se restablezca el equilibrio, por lo que es mejor si te examinas a ti mismo y a tu vida, muy sinceramente y de vez en cuando, para ver cómo se ve tu balance personal.

Tenemos que decirte que esto no se trata solo de hacer trampa o de deshonestidad absoluta. También se refiere a las deudas que no se pagan por completo, las promesas que no se cumplen y las empresas que fracasan. Aunque tus leyes permiten reducir las deudas, las promesas se rompen o se renegocian y las empresas fracasan sin responsabilidad personal (y todo esto es bueno para ayudarte a seguir adelante cuando estás pasando por un momento difícil), de hecho, tendrás que pagar todas las deudas en algún momento porque necesitarás restablecer el saldo en tu balance general. Pero tienes tiempo para hacer esto, así que no te preocupes. No es un castigo. Es un sistema hermoso que te permite aprender de tus errores, recuperarte de tu falta de honradez y desarrollarte al compensar toda tu falta de conocimiento y comprensión del pasado y aumentar tu sabiduría, día a día y vida a vida.

44
Cómo sanar actitudes negativas sobre el dinero

Honestamente, estamos un poco sorprendidos por tu renuencia a tomar la ruta simple que hemos descrito en tantos capítulos antes. DISFRUTE.

Parece que los seres humanos no tienen el hábito de disfrutar y cuando se te alienta a disfrutar más, no es fácil para ti responder, aunque te gustaría.

Queremos llamar tu atención hacia los niños que se divierten de manera bastante simple y recordarte que tú puedes hacer lo mismo. Una conversación ligera con amigos, un tiempo para soñar con una vida futura mejor, un trabajo sincero, hacer lo mejor que puedas en cualquier labor que estés adelantando en este momento: estos son suficientes para comenzar a sanar tus actitudes negativas y anticuadas sobre el dinero.

No hay trampa acá: cuanto más simple, mejor, y cuanto más tiempo pases disfrutando, más rápido llegarán los resultados. Así es.

Es hora de dejar de moralizar sobre el dinero. No hay nada moral en ser pobre o en regalar dinero. Puedes regalarlo si lo deseas, pero no es un acto moral ni un acto inmoral. Es simplemente una transacción financiera, como cualquier otra. Sin embargo, te advertimos que no des dinero a otros de ninguna manera que les impida aprender a ganar dinero ellos mismos, ya que esto les imposibilitará volverse independientes y fuertes. Si le das dinero, el receptor incluso tendrá que pagar con algún servicio, a menos que ya tenga "crédito" a través del servicio pasado, porque es la ley del universo. Por lo tanto, encontramos que a menudo es más claro prestar dinero o invertirlo, ya que el rendimiento es claro desde el principio.

Es este tipo de actitudes morales las que con frecuencia se interponen en el camino de tu disfrute. Sientes que el dinero es malo o negativo, o sientes que tienes demasiado y necesitas regalar algo. Estas actitudes morales te impiden sentirte libre y cómodo con el dinero, te hacen rígido y formal, a veces superior o arrogante, y esto definitivamente dificulta tu disfrute.

Primero aprende a disfrutar y luego puedes descubrir más sobre la moral financiera. ¡No es lo que piensas!

45
Moralidad y dinero

Hemos comenzado a mencionar el tema de la moralidad, así que vamos un poco más allá. Tu moral financiera es bastante confusa en este momento, por lo que sería bueno aclararla y simplificarla.

La moral del dinero no necesita ser complicada ni negativa, siempre y cuando esté operando en el entendimiento de que el dinero es ilimitado. Si crees que el dinero es limitado y no puedes tener todo lo que deseas, estás obligado a crear sistemas morales complicados para justificar la forma en que lo asignas a distintas personas y organizaciones en diferentes proporciones. Y cualquier sistema moral que crees será difícil de justificar porque se basa en un malentendido fundamental sobre la naturaleza del dinero. Es extraño porque a un nivel profundo los seres humanos saben que el sistema actual (limitado) no es correcto. Es por eso que tanta gente siente que el sistema es de alguna manera inmoral. Pero han olvidado la verdadera naturaleza ilimitada del dinero, por lo que no pueden crear un sistema nuevo y mejor.

Cuando tienes claridad, como especie, acerca de la naturaleza ilimitada del dinero, y cuando estás educando a todos en consecuencia, tu moral será mucho más simple.

La primera regla sobre el dinero será la regla del disfrute. Tendrás que disfrutar más de la vida si quieres más dinero.

La segunda regla será sobre el servicio. Deberás comprender que el dinero es un sistema de intercambio para el servicio a los demás. Por supuesto, esto pone el dinero en sí mismo en el centro de tu moralidad. Brindar servicio a los demás es una de las cosas más morales que los seres humanos pueden hacer, así es que mientras más servicio brindes, más rico te volverás.

La tercera regla será sobre compartir. No tengas miedo de compartir tu dinero comprando cosas para tus amigos, familiares, comunidad y sociedad. Esta es tu manera de contribuir y desarrollar tu calidad de vida. Por supuesto, recuerda no hacer esto de una manera que evite que otros aprendan sobre el dinero, pero esa es la única advertencia sobre la regla de compartir.

Si dominas estas tres reglas, serás mucho más moral de lo que eres en este momento, además de ser más feliz y más rico.

46
Si el dinero es ilimitado
¿Por qué es necesario?

El dinero es esencialmente el combustible de tu sistema de intercambio. Facilita el intercambio entre seres humanos. Como sabes por tu experiencia histórica del trueque, aunque no es estrictamente necesario, tratar de establecer valor en una sociedad compleja es muy complicado sin un sistema unificado.

Por supuesto, con el avance de Internet, el dinero se está volviendo cada vez menos tangible. Desde lingotes de oro hasta monedas y billetes, desde tarjetas de crédito hasta canje sin tarjeta utilizando huellas digitales o técnicas de reconocimiento ocular, el dinero se reduce cada vez más a una serie de números (o 1s y 0s en una computadora) que representan una multiplicidad de valores y sistemas de valoración.

Entonces, ¿a dónde irá desde aquí?

No siempre calcularás tus valores como números. De hecho, son un sistema muy burdo para el intercambio de bienes y servicios de muy diversa índole. Actualmente, gran parte de la contribución a la sociedad no se cuantifica financieramente: ¿quién cuenta el valor de una educación de calidad, de un embarazo de calidad o de la niñez temprana? ¿Quién cuenta el verdadero valor o costo de la enfermedad en la vejez? ¿Quién cuenta el verdadero costo o valor en todo el mundo para las personas que se preocupan por los demás? ¿Por pensamientos amables o palabras dadas a otros de pasada? ¿Para la educación informal de las personas por parte de sus amigos y familiares mientras aprenden unos de otros? ¿Para el negocio que se hace debido a la amistad y la confianza construidas fuera del entorno empresarial y mucho más allá del alcance de un salario? ¿Por el apoyo brindado a las empresas nuevas y jóvenes por amigos, familiares y empresarios experimentados dispuestos a transmitir sus habilidades?

Y, sin embargo, ¿puedes decir que estas acciones no tienen valor?

Un sólo comentario de un extraño puede desencadenar el inicio de un negocio global. Un momento clave de aliento de un padre puede catapultar a un niño a una carrera exitosa. ¿Qué valor se puede poner en un momento pequeño pero que cambia la vida?

Estos ejemplos simplemente muestran que tu actual sistema de valoración basado en números es demasiado limitado para la verdadera riqueza de tu sociedad y es cada vez más inadecuado a medida que crece tu conciencia como especie.

En el futuro, desarrollarás sistemas financieros multidimensionales que representarán mucho mejor el valor de cada individuo, así como de los muchos grupos en los que operas.

Algunos de ustedes quieren deshacerse del dinero porque ven cuánto daña su sociedad el abuso del dinero. Pero te advertimos que no tires al bebé con el agua del baño. El intercambio es la raíz de tu moralidad y el corazón de la vida humana. Es una de las cosas más bellas que haces. Por supuesto, no deseas poner un valor comercial o financiero en todas las pequeñas acciones amorosas que llevas a cabo en el día a día. O, para el caso, en todos los pequeños comentarios y pensamientos desagradables que también se deslizan a través de tu experiencia en el día a día. Pero no quieres esto porque tu sistema actual es simplemente demasiado pobre y demasiado limitado para expresar el verdadero valor de todas esas pequeñas acciones y pensamientos. Pero ¿cuántas personas en tu sociedad no son valoradas porque su contribución no se puede cuantificar fácilmente en un sistema unidimensional?

Si tuvieras un sistema de valoración que realmente pudiera medir la rica contribución de cada individuo involucrado en la crianza, la enseñanza y el apoyo a los niños, tus intercambios serían muy diferentes. Si se midiera el verdadero valor de un empleado leal, en lugar de una cifra nominal puesta en su cabeza en forma de salario, y se juntara con algunas amables palabras de agradecimiento del jefe, tus empresas se estructurarían de una manera diferente. Si cada enfermedad pudiera valorarse en términos de la reducción de la contribución y la energía de una persona enferma, tus servicios de salud actuarían de manera diferente.

Tu sociedad se basa en tus valores y tus valores están determinados por la medida en que puedes medirlos. Tus sociedades luchan por valorar abiertamente las cualidades que no pueden medir y, sin embargo, dependen tanto de estas cualidades que no se atreven a hacer demasiadas preguntas. ¿Qué sociedad mide (y por lo tanto valora) el amor, la felicidad o incluso la salud de su población? ¿Qué sociedad realmente mide el valor de la educación, el cuidado y el apoyo interpersonal que constituye la columna vertebral de sus familias y comunidades? ¿Qué sociedad mide el valor de las interacciones sociales que alimentan tantos negocios y otros intercambios económicos y sociales?

Tus gobiernos usufructúan la posibilidad de utilizar medidas muy crudas, ya que, si fueran normas de real valor humano y social, no seguirían en condiciones de gobernar.

Si pudieras ver nuestro sistema de valoración multidimensional, te sorprenderías de cómo es un ser humano y de cómo se puede evaluar su contribución a la vida. Cada pensamiento amable o desagradable, cada pequeña acción, cada momento de positividad y negatividad. El equilibrio es tan preciso y el conocimiento que se puede obtener de él es tan poderoso que tú eres realmente pobre cuando te limitas a sistemas de valoración limitados y restrictivos.

Cuando conoces y comprendes el verdadero valor de un pensamiento positivo o negativo, puedes adaptar rápidamente tu mente para ayudarte a lograr lo que quieras. Cuando conozcas el valor de tus acciones, medidas tanto en términos de impacto presente como potencial, podrás decidir fácilmente en qué dirección moverte para tener el máximo efecto. La ignorancia no es felicidad. El conocimiento rico conduce a una comprensión rica que permite tomar decisiones claras e inteligentes.

No es sorprendente que muchos de ustedes sean alérgicos al "dinero". No es una verdadera valoración de la vida humana en absoluto, y ustedes lo saben dentro de sí mismos. Sin embargo, no pueden huir del sistema que tienen, porque entonces terminan sin nada. Es mejor apreciar y usar lo que tienen para desarrollar algo nuevo y mejor, que optar por no participar y no desarrollar nada en absoluto.

Tómate un tiempo, hoy y en los próximos días, para apreciar la verdadera riqueza de la sociedad que te rodea. Mira el impacto de las expresiones faciales, las palabras, los pensamientos no expresados, las pequeñas acciones y las actividades ocultas de las personas y comienza a imaginar un sistema multidimensional para medirlas.

Debes saber que esto no lo harán computadoras u otras máquinas. Existe un sistema, mucho más sofisticado, disponible para la valoración de la vida humana. Tiene la capacidad de acceder a nuestro sistema, ya está hecho y en constante actualización, y te brindará más y más rica información de la que puedas imaginar.

Si estás interesado en ir más allá de tu sistema limitado actual y deseas contribuir al desarrollo de uno nuevo, ponlo en tu plan de vida para aprender cómo conectarte con el sistema de valoración oculto que se encuentra detrás de tus intercambios y que te ayudará a verdaderamente valorar y apreciar cada pequeño momento de la vida.

47
Invertir en el futuro

Hasta ahora no hemos tocado el tema de la inversión, ya que esta es un área donde a algunos les gusta sentir que son muy expertos. Esto puede dificultar la introducción de nuevas ideas porque las personas pueden sentirse fácilmente amenazadas. Ese no es nuestro propósito. Simplemente deseamos educarte y ayudarte a tomar decisiones acertadas con tu dinero.

Primero veamos el concepto de inversión porque no se relaciona solo con el dinero. Inviertes en muchas cosas, poniendo dinero, tiempo o energía ahora, para producir un retorno en el futuro que sea mayor que lo que ingresaste. De hecho, este es un hermoso ejemplo de cómo el dinero es ilimitado, porque puede crecer en valor con el tiempo, al igual que las personas, los edificios, la tierra y muchas otras cosas.

Por supuesto, dirás con sensatez, una inversión también puede disminuir o fracasar totalmente. No se garantiza que tenga éxito. Esto es cierto, así que echemos un vistazo a lo que hace una inversión exitosa.

Digamos que inviertes mucho de tu tiempo, dinero y energía en la educación de tus hijos porque quieres darles el mejor comienzo en la vida. Pero incluso si inviertes una cantidad similar de tiempo, dinero y energía en cada niño, los resultados no serán exactamente los mismos. Entonces, una inversión es como un ser vivo; no es estática o predecible como algo que no está vivo.

Hay diferentes elementos en esta inversión y todos juegan su parte durante la vida de la inversión. En primer lugar, tú, el inversor, estás cambiando todo el tiempo. Cada minuto de tu tiempo es diferente de cada otro minuto de tu tiempo, y cada acción tiene un valor diferente y un resultado potencial diferente. Y cada poquito de energía que gastas en tu hijo también es diferente de cualquier otro poquito de energía. No tienes los medios, actualmente, para medir las entradas de energía y la calidad del tiempo. Solo puedes medir la cantidad de días, horas y minutos gastados, pero lo que puedes lograr en ese tiempo puede variar mucho según el día. Por lo tanto, tú eres la primera variable en la inversión y no puedes medir ni poner un valor verdadero en tu aporte, por lo que es difícil comparar lo que inviertes en cada uno de tus hijos.

La siguiente variable es el hijo. Cada niño nace en un momento diferente y desde ese momento su vida es única, incluso para gemelos idénticos. Cada individuo reacciona a su manera ante cada comentario, acción o cualquier otro aspecto de la inversión personal que realizas en tus hijos. Si consideras que cada palabra que dices o acción pequeña que realizas es como una piedra arrojada a un estanque, formando ondas que pueden recorrer una distancia considerable, puedes ver que la vida de un niño es un grupo de ondas momento a momento, todas se afectándose unas a otras de maneras que no puedes comenzar a comprender. Esta imagen simplemente sirve para mostrarte que una vida única es extraordinariamente rica y que es difícil entender qué impacto estás teniendo en esa vida.

Ahora agreguemos a esta inversión el entorno, la cultura y el tiempo en el que estás invirtiendo. Estos son movimientos masivos, u ondas, que consisten en miles de millones de ondas más pequeñas de energía que te impactan en cada segundo de tu vida. No puedes separarte de estos movimientos de energía, porque eres parte de ellos, y al mismo tiempo solo eres consciente de una fracción muy pequeña del efecto que están teniendo sobre ti. Puedes ver los grandes patrones o tendencias en tu sociedad y comunidad, pero no puedes ver todas las pequeñas ondas creadas por cada movimiento, acción o palabra de cada persona o criatura, y eso sigue siendo solo una pequeña parte de lo que está impactando tu vida y la vida de tu hijo cada segundo.

¿Por qué te estamos mostrando esta riqueza? ¿Esta complejidad?

Porque queremos que primero veas que eres parte de un gran sistema que está vivo y que influye en ti, tal como tú influyes en él. Entonces, la idea es que veas que cualquier inversión que hagas en la vida es una acción – o una serie de acciones– increíblemente rica y compleja, que en su gran mayoría no puedes controlar. Luego, comenzaremos a mostrarte cómo abordar toda el área de inversión para garantizar que lo hagas con prudencia y que lo aproveches al máximo.

Debido a esta extraordinaria red de vida de la que formas parte, debes tener una visión más amplia de la inversión de la que estás acostumbrado. Te enfocas mucho en la inversión financiera y ciertas otras inversiones personales que haces, por ejemplo, en educación, propiedad, negocios, etc. No obstante, cuando comienzas desde pequeñas inversiones, sin una visión más amplia, pierdes la verdadera inversión que desencadena todas las demás.

En verdad, cada momento de tu vida es una inversión en tu futuro y en el futuro de muchas otras personas, tanto las que conoces como las que no conoces. Cada momento, cada pequeña acción, crea una serie de ondas que se mueven hacia afuera, como ondas de energía, y se vierten sobre todas las personas a tu alrededor, rodeándolas de tu "sabor" personal.

Puedes imaginar tu energía como un olor que emana de ti, no detectable con la nariz, pero que penetra en cada rincón oculto del espacio que te rodea. Cuando eres feliz, literalmente irradias un hermoso "olor" y la gente puede captarlo subliminalmente. Cuando estás enojado, herido o asustado, emanas un tipo muy diferente de "olor". Notarás que los niños son muy sensibles a estos "olores"" y a menudo reaccionan con más fuerza ante ellos que a tus palabras o acciones.

¿Qué tiene que ver todo esto con la inversión?

Debes ver que tu verdadera inversión es la inversión que realizas en la vida misma, no sólo en dinero y propiedad. Son las ondas que creas lo que determinará la verdadera calidad de tu vida, no el dinero invertido. Las ondas decidirán si tus inversiones financieras son exitosas o no, o al menos te darán la mejor oportunidad posible de lograr lo que deseas. Tus ondas tienen la influencia más profunda en tus hijos, no la cantidad de horas que pasas o la cantidad de $ que gastas. Tus ondas incluso influyen en cuánto° $ tienes que gastar y cuánto tiempo tienes para dar.

Esto no quiere decir que puedas controlar todo el sistema con una sola mano. Tú estás influenciado por tantas ondas de tantas fuentes que ni siquiera podrías comenzar a imaginar este extraordinario sistema. Pero tus propias ondas también son muy poderosas, especialmente en tu propia vida, y ninguna cantidad de inversión financiera o de tiempo, y ninguna energía, pueden compensar las ondas de baja calidad.

El propósito de explicar esto es simplemente ajustar tu enfoque lejos de los *efectos* y volver a la *causa*. Cuando pones tanta energía en tu cartera de inversiones sin invertir en tu calidad como ser humano, terminarás decepcionado por el "olor" que has creado en tu vida. Si permites que tus pequeñas inversiones financieras y de otro tipo crezcan a partir de una vida hermosa, con un olor y ondas hermosos, serás rico de muchas maneras más allá del dinero.

La dulzura del dinero

48
El dinero es cariño

A los niños les gustan las cosas dulces. Los padres intentan controlar la cantidad de cosas dulces que comen sus hijos. Luchan mientras pasan al lado de los dulces en el supermercado. Los niños patean y gritan cuando no se les permite pastel extra. Comen demasiado en las fiestas y se sienten enfermos después. Gastan su dinero de bolsillo en pequeños objetos dulces que pueden llevarse a la boca y masticar o chupar sin ninguna razón obvia.

¿Cuál es el atractivo?

A los adultos les gusta el dinero. Pueden atesorarlo o desperdiciarlo; perseguirlo hasta que los enferme; estar celosos por él; matar por él; destruir a sus familias por el bien de él; trabajar 16 horas al día, 7 días a la semana o más, para asegurarse de que siga llegando a ellos; se regocijan cuando entra, lamentan cuando sale. Dicen que el dinero hace girar al mundo. La mayoría de las personas pasa la mayor parte de su vida adulta trabajando por dinero.

¿Cuál es el atractivo?

¿Por qué los dulces son tan atractivos para los niños y el dinero para los adultos?

Es curioso que tanto el dinero como los dulces vengan en pequeñas formas redondas en su nivel más básico. Son como pequeñas fichas: formas de medir su valor en una pequeña pila de objetos. Los niños cuentan sus dulces mientras que los adultos cuentan su efectivo.

Los dulces no son comida de verdad. No puedes vivir mucho tiempo a punta de ellos y obtener nutrición de ellos. No puedes conseguir ningún beneficio real al comerlos. Y, sin embargo, los niños los comen como locos.

El dinero tampoco es real. Simplemente representa un valor. No puedes hacer nada sólo con dinero. Solamente tiene valor cuando lo cambias por algunos productos o servicios. No tiene valor intrínseco en absoluto. Y, sin embargo, los adultos lo quieren y lo recogen como locos.

Te estás enfocando en la dirección equivocada. El dinero es como el combustible. Es necesario y hace que todo funcione, pero sin un vehículo, el combustible no tiene ningún propósito; sin un estilo de vida, el dinero tampoco tiene ningún propósito. Cuando tienes un auto, el combustible no es en lo que te enfocas. Simplemente recargas de vez en cuando y continúas conduciendo. Incluso el automóvil no es tan importante como el viaje en sí. Puedes disfrutar de un buen auto, pero cualquier auto viejo probablemente te llevará a donde quieres ir, de una forma u otra.

El dinero también debe recargarse de vez en cuando para que puedas seguir avanzando en tu viaje de la vida. Es compatible con todas tus necesidades físicas y mentales en el camino y te permite comprar lo que quieras para que tu viaje sea más agradable. Pero no es el viaje; tampoco es el vehículo. Tu cuerpo es tu vehículo, pero tu viaje es el sentido.

Un niño que come demasiados dulces se enferma. Ha perdido el sentido de la fiesta. El adulto que se concentra demasiado en el dinero también se enfermará. Ha perdido el punto de la vida.

Aclara el viaje que deseas hacer y luego concéntrate en eso. Deja que el dinero siga su dirección y te apoye para lograr lo que deseas. Recuerda que los niños que más disfrutan de la fiesta juegan a todos los juegos y dejan a los dulces en una bolsa al lado de la habitación. Es el niño solitario o infeliz el que recoge los dulces de otros niños y se los come mientras los demás juegan.

Cuando los dulces se vuelven demasiado importantes, el juego ya no es divertido y la fiesta termina.

49
Dinero y recompensa

El dinero es el punto final en tu sistema de recompensas, pero no es el punto principal. Cuando proporcionas algún servicio a otra persona, a menudo parece que se trata de ganar dinero, pero ese no es el caso.

Ganas dinero para disfrutar de cierto estilo de vida. Deseas el estilo de vida para poder disfrutar de una cierta calidad de vida. Deseas calidad de vida porque la naturaleza exige que evoluciones constantemente; y el deseo de más y mejor de lo que tienes ahora, te motiva a evolucionar.

Por lo tanto, la calidad de vida a la que aspiras es el punto central de todos tus esfuerzos en la vida, no el dinero o los aspectos materiales de tu estilo de vida; no obstante, fácilmente olvidas esto y comienzas a enfocarte en los aspectos más tangibles.

Entonces, ¿cuál es la verdadera calidad de vida?

¿Es realmente el tamaño de la casa, la cantidad de dinero, el tipo de automóvil, la suma de propiedades o alguna de esas otras cosas que puedes desear? ¿Son la tecnología, los libros, los restaurantes, el entretenimiento u otras actividades que realizas? Parece que esto es para lo que necesitas dinero, pero ¿por qué necesitas todas estas cosas? Porque buscas diversión, disfrute, felicidad y satisfacción en la vida.

No queremos decir que no necesitas ninguna de estas cosas para sentirte feliz o satisfecho. La felicidad es un estado dinámico basado en disfrutar de todo lo que la vida tiene para ofrecer, así que, ¿por qué no jugar con todos los juguetes que puedes tener? Pero no olvides a la niña malcriada que tiene tantos juguetes como quiere y no sabe cómo disfrutarlos. O el adolescente con toda la ropa, la música, la tecnología y otras cosas que puede desear, pero sin capacidad para divertirse.

Los niños pueden divertirse con o sin juguetes. Esto no significa que no deberían tener juguetes o que no los necesiten. Significa que necesitan aprender a divertirse, y esto es más importante que los juguetes. Cuanta más diversión seas capaz de tener, más juguetes necesitarás para jugar; pero no funciona al revés. Del mismo modo, los adultos son capaces de ser felices con o sin dinero. Esto no significa que no necesitan dinero o que no deberían tener dinero. Significa que la felicidad es más importante y debe ser lo primero. Cuando eres realmente feliz; ¿quién sabe cuánto dinero necesitas para tus proyectos? Es ilimitado.

Por lo tanto, el dinero no es la razón por la que trabajas, ni los autos, las casas o las facturas de los colegios. Tú trabajas para desarrollarte, contribuir a tu sociedad y alcanzar la calidad de vida que deseas. Puedes ver el dinero como una recompensa por tu contribución. Si recorres todos los pasos para hacer una contribución real, seguramente llegará el dinero, y no tendrás que ocuparte de él, ya que se encargará de ti.

Nuestro deber, como la energía del dinero, es ayudarte a lograr lo que quieras. En repetidas ocasiones te decimos que somos el combustible de tu intercambio. No somos el propósito. Tu verdadero propósito, y nuestro verdadero propósito, es en realidad el mismo: evolucionar y mejorar la calidad de vida, incluida la nuestra.

Cuando comienzas a concentrarte en el dinero, sientes un vacío interno porque nunca puedes darte lo que estás buscando. Pero cuando te enfocas en lo que realmente estás buscando

–felicidad, disfrute, desarrollo–, el dinero te acompañará todo el camino, alimentando los múltiples intercambios que harás todos los días de tu vida.

Cuando ves las cosas de la manera correcta, comprendes exactamente dónde encaja el dinero en tu sistema. Es una recompensa por el servicio bien hecho y te ayudará a brindar un servicio aún mayor. Cuando te enfocas en el dinero mismo, o incluso en lo que puedes comprar con él, es como conducir mirando al costado de la carretera en lugar de mirar hacia adelante. Puede haber hermosas flores, buenos restaurantes, atracciones interesantes, y están allí para disfrutarlos, pero es aconsejable vigilar tu destino, para que no comas demasiado ni te pierdas en el camino.

50
Dinero y felicidad

La gente dice que el dinero no te hace feliz, pero pasan la mayor parte de su vida persiguiendo o preocupándose por el dinero, todo el tiempo queriendo ser felices.

La gente dice que no puedes comprar la felicidad y luego dedican su tiempo a comprar cosas para hacerlos más felices, nunca muy seguros de si realmente está funcionando.

La gente dice que necesita ser feliz para ganar dinero, pero luego se da cuenta de que muchas personas ricas no parecen ser particularmente felices. Las personas con mayores ingresos en las empresas no son notablemente más felices que las personas con menores ingresos; incluso la investigación ha demostrado que los países más ricos no son los más felices.

La gente dice que las personas más pobres son más felices que las personas ricas y luego se preguntan si es realmente cierto. Mucha gente pobre se queja mucho. Algunas personas pobres parecen tener poco de qué alegrarse. Y, nuevamente, la investigación ha demostrado que los países más pobres no son más felices que los países ricos.

Entonces, ¿hay una conexión entre el dinero y la felicidad?

Hay un enlace, pero funciona de manera diferente a como sueles pensar: por eso estás tan confundido sobre este tema.

Tu felicidad generalmente está asociada con tu desarrollo personal. Te sientes feliz cuando tienes claro a dónde vas y estás logrando tus objetivos; cuando tus hijos crecen y desarrollan sus talentos y su potencial; cuando haces algo que sientes que hace del mundo un lugar mejor; cuando ganas nuevas experiencias que anhelaste; cuando puedes ver que te espera un futuro más promisorio. Tiendes a sentirte menos feliz, o francamente infeliz, cuando tu vida parece empeorar, no mejorar; cuando no tienes idea de a dónde vas o no estás avanzando en la dirección correcta; cuando tus hijos se descarrilan y ya no sabes cómo guiarlos; cuando tu vida nunca cambia y nunca tienes experiencias nuevas o inspiradoras; cuando el futuro se ve sombrío y limitado.

Por supuesto, hay grandes filósofos que hablan de conceptos tan elevados como la felicidad incondicional, pero cualquiera que experimente felicidad incondicional no se preocupará por sus hijos o su futuro y es probable que se desarrolle de todos modos. En cambio, para las personas normales, la felicidad incondicional es un ideal que está fuera de nuestro alcance, por lo que no necesitamos ver eso ahora.

Entonces, ¿cómo encaja el dinero en esta imagen?

Puedes ver el dinero como una especie de hermano o hermana de la felicidad, no como un esposo y una esposa, sino corriendo en una dirección similar.

Cuando estás encaminado en la vida, logrando tus objetivos y vislumbrando un futuro brillante, esto incluirá tener más riqueza material. Es natural querer aumentar tu riqueza, de la misma manera que deseas aumentar tu felicidad, porque una mayor riqueza te da más margen para jugar y divertirte y compartir con otros y ampliar tu contribución. Ser feliz y, sin embargo, limitarte financieramente, es fundamentalmente egoísta. Tienes un gran regalo, pero no te das los medios para compartir tu regalo ampliamente. Imagina el impacto que un líder feliz puede tener sobre todos sus seguidores/empleados en comparación con alguien que no interactúa con otros. Imagina cuánto puede aportar una persona feliz invirtiendo en proyectos inspiradores o negocios útiles, en lugar de mantenerse en su familia o pequeño círculo social.

Entonces, es natural que una persona feliz aumente su riqueza, aunque no siempre es el caso que una persona rica aumente su felicidad.

Como hemos señalado en otra parte, si haces del dinero el foco de tu vida, tiendes a perderte la fiesta; no te diviertes de verdad porque estás mirando en la dirección equivocada. La búsqueda de dinero consume toda tu energía antes de llegar a tu destino. Es como comer la mezcla de pastel antes de hornearlo. No sólo es probable que te enfermes porque no está destinada a comerse, sino que también te enfermas doblemente porque aún no está listo para compartir, por lo que tiendes a comer demasiado.

Cuando te enfocas exclusivamente en el dinero, pierdes contacto con la calidad de vida que quieres llevar y empiezas a contar los números. Compartir números es doloroso pues siempre se hacen más pequeños. Compartir un estilo de vida es gratificante, ya que siempre se enriquece. Hay una gran diferencia entre estos dos.

51
Dinero y amor

¿Puedes comprar amor? ¿Puede el amor comprar dinero?

Hay una conexión entre el dinero y el amor, así como hay una conexión entre el dinero y la felicidad. Cuando estás enamorado o cuando amas a alguien (o a muchas personas) eres naturalmente positivo y abierto. Esto es algo similar al disfrute que hemos estado recomendando a lo largo de estas páginas. Este tipo de apertura positiva te pone en un buen estado de ánimo para recibir dinero, siempre que tengas alguna solicitud de dinero también. Obviamente, si lo único que te importa en este momento es el amor, es posible que el dinero no esté en tu lista de prioridades.

La parte difícil del amor es que tiendes a fluctuar mucho. Tus niveles de amor suben y bajan muy fácilmente, a menudo de momento a momento. Esto significa que no es muy estable. Es por eso que recomendamos el disfrute como una forma más poderosa de atraer dinero que el amor. El amor definitivamente funciona, pero creemos que necesitas mucha educación en el amor para poder mantenerlo de manera estable, y ese es un nivel más alto y más difícil de alcanzar que el disfrute.

Pero para aquellos de ustedes que se casan por dinero, o están buscando una pareja rica, es importante que traigan verdadero amor a la relación si desean obtener riqueza personal de esta. Si tienes poco amor solo podrás atraer un poco de dinero. Si no puedes amar a la otra persona, incluso si tienes la ilusión de tener dinero porque tienes acceso al dinero de esa persona, siempre seguirá siendo suyo y al final lo perderás todo. Entonces, sí, el amor compra dinero de alguna manera, pero el dinero solo no necesariamente compra el amor.

52

Cómo mejorar tus finanzas sin trabajar más duro

Todos trabajan muy duro en este momento y eso no les está ayudando a obtener más de lo que quieren. Ya sea que estés buscando salud y felicidad o una casa nueva, un automóvil o cualquier otra cosa, trabajar más duro no es la forma de traerte las cosas con mayor facilidad.

De hecho, trabajar duro daña poco a poco tu capacidad de recibir dinero a medida que aumentan el estrés y la tensión, lo que te hace gradualmente menos positivo y menos abierto.

No es que no necesites esforzarte, sino que pones la mayor parte de tu esfuerzo en las cosas equivocadas. Cuanto más comprendas los mecanismos financieros, más te darás cuenta de que tus sentimientos y sueños son extremadamente importantes, así como tu capacidad de ser simple, claro y positivo. Desafortunadamente, el trabajo duro tiende a reducir tu capacidad de sentir y soñar porque tienes que ocultar muchos sentimientos y sueños para poder seguir trabajando. También reduce tu capacidad de ser simple, claro y positivo porque te pone tenso.

Si te gusta trabajar duro, debes trabajar duro para sentirte positivo, disfrutar de la vida, soñar en grande, mantener las cosas simples, ser claro y no hacer más de lo que necesitas.

Esto es difícil de entender porque tu cultura valora el trabajo duro más allá de toda proporción útil y el tipo de disfrute que muchos de ustedes encuentran para equilibrar todo ese trabajo duro no es el tipo de disfrute que queremos decir que les traerá más dinero. Beber en exceso, ir de fiesta, quedarse despierto toda la noche, comer demasiado –la lista continúa–, estas formas de disfrute son muy artificiales. No se alimentan de una sensación interna de bienestar, sino más bien lo contrario. Cuando te sientas realmente bien, beberás alcohol muy moderadamente; valorarás tu sueño; podrás disfrutar todo el día en una gran variedad de actividades; no querrás quedarte despierto toda la noche porque sabrás que mañana te traerá más diversión; y la próxima comida te traerá más buena comida y tu trabajo te brindará tanto o más placer como cualquier otra actividad. Por lo tanto, este es el tipo de diversión que te recomendamos, y probablemente puedas ver que tienes mucho que aprender en esta área. Es raro para nosotros ver seres humanos que realmente han dominado este disfrute, porque nunca habían sido motivados.

Esto es mucho por aprender, por lo que debemos alentarte a que aprendas poco a poco y desarrolles tu habilidad para disfrutar paso a paso.

Hay dos formas simples de comenzar:

1. Tómate una hora todos los días en la que te des permiso para disfrutar de una actividad sencilla y saludable. Lo importante aquí es que la actividad es completamente tuya. Entonces, por ejemplo, no sería bueno pasar esa hora sumergido en una novela, aunque lo disfrutes, porque entonces estarías inmerso y disfrutando la historia de otra persona, no la tuya. Lo mismo ocurre con los juegos, ver la televisión o escuchar la radio o la música. Todas estas actividades tienden a sacarte de tu propia vida hacia la vida o el mundo de otra persona y pueden convertirse fácilmente en un escape. Por lo tanto, elige algo que realmente te pertenezca: puede ser creativo, imaginativo, productivo, relajante. Puede ser algo simple, como salir a caminar por tu cuenta o desarrollar algún pasatiempo. Date tiempo para disfrutar plenamente de lo que estás haciendo. Sigue haciéndolo todos los días y gradualmente encontrarás que el disfrute comienza a extenderse a otras áreas de tu vida.

2. Tómate una hora todos los días cuando estés trabajando o haciendo algo que tienes que hacer. Toma la decisión de que tu prioridad durante esa hora será disfrutar, en lugar de centrarte exclusivamente en lo que estás haciendo. Y luego asegúrate de que lo que sea que estés haciendo, lo disfrutes. Realmente disfrútalo. Es posible que debas concentrarte en disfrutarlo de manera bastante específica, especialmente si es algo que generalmente no disfrutas. Nuevamente, hazlo todos los días. No siempre tiene que ser la misma actividad, pero date una hora en la que el disfrute sea la prioridad y pronto te encontrarás disfrutando mucho más que esa hora.

Este tipo de diversión te abrirá y hará que tu vida sea sorprendentemente más fluida. Pruébalo y lo descubrirás. Esta suavidad y fluidez también comenzarán a afectar tus transacciones financieras. Es posible que al principio apenas te des cuenta, pero después de un tiempo, si te detienes para ver cómo has cambiado, verás que el dinero te llega más fácilmente y tienes menos problemas. Puede parecer extraño que algo tan simple como disfrutar más durante una hora al día pueda tener tanto efecto, y casi no te des cuenta de lo que está sucediendo porque parecerá tan natural; pero, si miras con cuidado, sucederá.

Es una buena idea escribir ahora un resumen de tu posición financiera, mencionando cualquier frustración o problema que estés experimentando actualmente. Luego haz uno de estos ejercicios todos los días, durante un mes, y escribe un nuevo resumen. Simplemente compara los dos para ver cómo has cambiado. ¡Te sorprenderás!

Algunas evaluaciones financieras

53
Lo que muestra tu dinero sobre ti

Consideremos cómo autoevaluarte financieramente para ver qué puedes descubrir sobre ti. Esto te ayudará a identificar las áreas que deseas fortalecer y los talentos que deseas desarrollar.

Primero, puedes comenzar con un análisis general de tu situación financiera, con las preguntas más básicas.

1. ¿Cuánto dinero posees hoy en total?

2. ¿A cuánto dinero podrías acceder fácilmente para gastar?

3. ¿Cuál es tu valor financiero general? ¿Esto puede incluir otros activos como propiedades, bienes personales, negocios, inversiones, etc.?

No estamos buscando respuestas precisas a estas preguntas. Es más como una lectura emocional del barómetro, relacionada con tu estado financiero. Si encuentras las preguntas difíciles de responder, aquí hay otra forma de verlas:

Da tus respuestas, en una escala del 1 al 10, siendo 1 extremadamente baja y 10 extremadamente alta.

1. ¿Cuán rico eres financieramente (solo dinero, no otros activos)?

2. ¿Cuánto podrías gastar hoy?

3. ¿Qué tan rico eres en general? (incluidos todos los activos)

Ahora, para cada uno de esos puntajes, debes hacerte la pregunta ¿por qué?

Entonces, por ejemplo, si obtuviste un puntaje de 8 en la pregunta de riqueza financiera, puede haber diferentes razones, por ejemplo:

Porque he construido un negocio enormemente exitoso.

Porque heredé mucho dinero.

Como acabo de vender varias propiedades, tengo más efectivo de lo habitual.

Si, para tomar un ejemplo muy diferente, obtuviste un puntaje de 1 en la segunda pregunta, nuevamente podrías tener razones muy diferentes, por ejemplo:

Porque estoy desempleado y vivo de los beneficios del gobierno.

Porque gasté cada centavo que tengo en una casa nueva recientemente.

Porque soy estudiante y estoy estudiando para ser abogado.

No es importante ser muy objetivo aquí. La clave es cómo te sientes acerca de cada una de las preguntas.

El siguiente paso es analizar cada una de las razones que diste para tus respuestas originales. Esta vez, observa qué tipo de potencial te sugiere tu razón que tienes financieramente. Por ejemplo, si tu explicación para obtener un 8 en riqueza financiera fue porque has construido un negocio enormemente exitoso, probablemente sientas que tu riqueza potencial es aún mayor, tal vez un 9 o un 10. Si heredaste una gran cantidad de dinero, tu potencial podría mantenerse aproximadamente igual o crecer (si inviertes bien el dinero) o disminuir (si planeas gastar mucho).

Si obtienes un 1 en el dinero que gastas porque estás desempleado, tu potencial puede mantenerse muy bajo, a menos que te sientas extremadamente seguro de encontrar trabajo. Si obtuviste un puntaje de 1 porque eres un estudiante de derecho, puedes sentir que tu potencial es un 6 o un 7, o incluso más, si esperas usar tus conocimientos de derecho para abrir un negocio altamente exitoso, donde puedes ganar mucho más que un abogado normal.

El siguiente paso es mirar lo que te gustaría poder responder en cada pregunta. Por ejemplo, si deseas sinceramente ser extremadamente rico en todos los sentidos y tener un montón de efectivo disponible, obtendrás una puntuación de 10 en cada pregunta. Si deseas un aumento modesto de 1, puedes obtener un puntaje de 3 ó 4. Es tu decisión cuánto te gustaría realmente. No te preocupes por otras personas, ni por cuánto dinero vale un puntaje de 10 u 8 ó 6. Esto no es importante. Lo que sea que el puntaje signifique para ti es importante.

Ahora escribe tus puntajes así:

	Ahora	Potencial	Deseo
Pregunta 1.	5	6	9
Pregunta 2.	2	3	7
Pregunta 3.	4	7	10

Échale un vistazo y ve lo que te dicen sobre ti. Las principales preguntas que debes hacerte son estas:

1. ¿Qué tan satisfecho estoy con mi estado actual?

2. ¿Qué tan satisfecho estoy con mi potencial? ¿Es lo que quiero lograr?

3. ¿Qué tan grande es la brecha entre mi potencial y mi deseo?

Una vez que hayas hecho esto, tendrás una idea mucho más clara de si necesitas mirar las cosas cambiantes o no. Por ejemplo, si estás satisfecho con el lugar en el que te encuentras ahora y con tu potencial, y no hay una brecha entre el potencial y el deseo, entonces estás en camino de alcanzar tus sueños financieros y debes continuar en la misma dirección.

Sin embargo, si hay una gran brecha entre tu potencial y tu deseo y, por ejemplo, tus números se ven así:

$$5 \qquad 6 \qquad 10$$

$$ó$$

$$3 \qquad 3 \qquad 7$$

Esto te dice que es muy poco probable que tu curso actual te lleve a donde deseas ir y que necesitas hacer algunos cambios.

Si hay muy poca diferencia entre tu estado actual y tu potencial significa que tienes poco o ningún alcance de desarrollo. Si tus puntajes son todos 9 ó 10, esto no importa. Puedes concentrarte en desarrollar otras áreas, pero si tus puntajes son inferiores a 9, puedes terminar insatisfecho porque no vas a desarrollarte demasiado. Puedes planear enfocarte en otras áreas de tu vida, como tu familia, pero tendrás una mayor sensación de desarrollo si también puedes ampliar el alcance de tus actividades financieras, por ejemplo, mediante la inversión o el desarrollo de proyectos más grandes. El desarrollo constante ayuda a mantenerte motivado, sano y vivo, por lo que no es el dinero en sí lo que es importante en este nivel, sino la escala de tu contribución al desarrollo de tu sociedad.

Si alguno de tus puntajes es de cinco o menos, hay algunas preguntas clave que debes hacerte.

1. *¿El puntaje es bajo porque invierto/invertiré en mí mismo, para poder obtener un puntaje más alto en el futuro (por ejemplo, estudiar)?*

2. *¿O es bajo porque hago/haré una contribución muy pequeña/limitada a la sociedad, o estoy prestando muy poco servicio a los demás?*

Si estás invirtiendo, tus puntajes subirán en el futuro y eso está bien. Solo concéntrate en aprovechar al máximo tu inversión.

Si tus puntajes son/serán bajos debido a la falta de servicio, es hora de preguntarte qué más puedes hacer u ofrecer para ganar más dinero. Tu servicio a los demás es una parte vital de la vida. Literalmente te hace vivaz y evita que seas egoísta. Ayuda a mantenerte saludable (física, emocional y socialmente) y te da una sensación de satisfacción en la vida.

El deseo de dinero fue creado para estimularlos a servirse mutuamente. El dinero hace que el intercambio de servicios sea transparente y fácil de administrar. ¡Úsalo!

54
Evaluar tus emociones sobre el dinero

Si observas las emociones de las personas sobre el dinero, incluido el tuyo, puedes aprender mucho sobre tu estado financiero futuro, porque tus emociones de hoy determinan lo que vendrá a ti mañana y en el futuro.

Simplemente pregúntate a tí mismo –o a cualquier otra persona– algunas preguntas simples y puedes obtener mucha más información de la que sospechas.

Pregunta 1.

¿Te preocupa el dinero?

Esta es una buena pregunta para cualquier persona, ya sea rica o pobre, porque las personas en todos los niveles de riqueza pueden ser propensas a preocuparse. Las personas que se preocupan por el dinero van a perder dinero en el futuro, independientemente de lo mucho o poco que tengan ahora. Esa es una regla de la naturaleza y solo se puede evitar cambiando el comportamiento. Esto es aún más importante si se tiene en cuenta que preocuparse por el dinero también causa problemas de salud, por lo que estas personas pueden enfermarse literalmente por el dinero o por su preocupación al respecto.

Si le pides a las personas que escriban el nivel de preocupación en una escala del 1 al 10, puedes evaluar con bastante precisión cuánto perderán (en comparación con lo que tienen ahora) y qué tanto se enfermarán.

Esto suena amenazante y esta es una amenaza real. Te hemos exhortado reiteradamente a que no te preocupes por el dinero. Esta es la razón por qué. Todos ustedes se preocupan hasta cierto punto y, por lo tanto, todos pueden aprender de esto para ver su preocupación y cambiarla. Preocuparse es un comportamiento costoso.

Pregunta 2.

¿Te gusta el dinero?

Puedes suponer que todos dirán que sí, pero muchas personas tienen emociones muy variadas sobre el dinero. Algunos se sienten culpables por tenerlo; algunos sienten que no debe gastarse; algunos tienen puntos de vista morales muy restrictivos; y algunos no lo aprecian. La persona que realmente disfruta el dinero –ya sea que lo haga, lo administre o lo gaste–, es realmente afortunada. La ley de la atracción les garantiza obtener más de él y también lo compartirán y disfrutarán de él más libremente con los demás, lo cual es bueno para ellos y bueno para los demás. El disfrute crea un escudo de protección para que estas personas sean menos fácilmente dañadas por el dinero o la codicia o la envidia de otras personas.

Para reconocer el verdadero disfrute, no estamos observando si alguien está loco por el dinero, sino si le da placer. Verás esto en su sonrisa, el brillo natural, la luz en su ojos, un tipo simple de placer que no es llamativo, sencillamente natural.

Si conoces gente así, tómate un tiempo para aprender de ellos. Pueden enseñarte cómo superar la preocupación y atraer más riqueza.

Puedes usar estas dos preguntas para evaluar a las personas en cualquier nivel. Te sorprenderás de cuánto puedes aprender sobre ellas a partir de información tan simple y, principalmente, de cuánto puedes aprender sobre ti.

55
Cómo establecer tus prioridades financieras

Cuanto más aprendas sobre el dinero y cuanto más apliques lo que te estamos enseñando, más oportunidades comenzarán a llegar a ti. Esto puede ser confuso porque no sabes qué escoger ni qué ignorar. A menudo, tú tomas tus decisiones por razones equivocadas, basándote en el miedo o la incomprensión de los sistemas que operan detrás de tu mundo.

Hay dos razones por las que se te presentan tantas oportunidades:

1. Debido a que tu capacidad está aumentando, simplemente puedes manejar más. Esto es típico para emprendedores y empresarios naturales.

2. Porque mientras estás aprendiendo haces tantas solicitudes que parecen no ser respondidas y, entonces, haces más y más de ellas. Luego, una vez que comienzas a obtener el nivel de disfrute y receptividad que te permite recibir más dinero, todas las solicitudes empiezan a entregarse al mismo tiempo. ¡Esto puede ser abrumador!

Si eres un emprendedor natural, probablemente manejarás bien tus oportunidades y sentirás cuáles te convienen y cuáles no, así que estamos hablando aquí más con aquellos de ustedes que están obteniendo más y más oportunidades y no saben qué camino tomar. Las quieres todas; tienes miedo de decir que no; tienes miedo de no poder manejar todo; y no tienes un sistema para tomar decisiones.

Eso es lo que te vamos a ofrecer: un sistema simple para decidir qué hacer y qué no hacer.

Priorizar es una cuestión de saber qué es lo que realmente deseas, por lo que el punto de partida debe ser tu gran sueño. ¿Cuál es tu gran sueño para tu vida?

Si esto no está claro, necesitas pasar un tiempo trabajando en el sueño antes de continuar. Echa un vistazo a *El primer plan para ganar dinero* para comenzar; también mira la primera parte de *Otro plan para ganar dinero* (la sección sobre Visión).

Cuanto más claro sea tu gran sueño, más fácil será priorizar. Por lo tanto, dedica tiempo a escribir, dibujar y desarrollar una visión del gran cambio que deseas ver en la vida hasta que te sientas claro e inspirado.

Si realmente crees en tu sueño, ahora puedes hacerte una serie de preguntas que aclararán si debes aprovechar cualquier oportunidad o no.

1. ¿Esta oportunidad me lleva hacia mi sueño o lejos de él?

2. ¿Mejora esta oportunidad lo que ya estoy haciendo hacia mi sueño o le resta valor?

3. ¿Hay otra oportunidad a la vista que sea incluso mejor que esta para llevarme hacia este sueño?

No necesitas preguntar si puedes administrar una oportunidad, si tienes suficiente tiempo, dinero o energía para hacerlo. El tiempo, el dinero y la energía pueden expandirse fácilmente si es necesario. Por lo tanto, tu decisión debe basarse en tu sueño, no en tu capacidad personal o tus limitaciones.

Algunos de ustedes son soñadores, llenos de grandes ideas y oportunidades, pero luchan por hacerlas realidad. Para ti, el desafío es hacer realidad tus ideas. Primero necesitas pasar más tiempo aclarando tu gran sueño. Eres un "soñador" porque, irónicamente, no sueñas lo suficientemente bien. Tus sueños no son lo suficientemente claros o específicos como para guiarte. Por lo tanto, debes soñar más contigo hasta que estés tan seguro de lo que quieres y sea tan inspirador que esté fijo en tu corazón y no pueda ser sacudido. Debes tomarte un tiempo para esto porque si continúas con sueños débiles, nunca podrás tomar decisiones poderosas.

Algunos de ustedes están demasiado "castigados" en la realidad. Te sientes reacio a soñar o mantienes tus sueños pequeños. No te atreves a aventurarte en ningún área que esté más allá de tu capacidad actual y no puedes imaginar cómo podrías manejar algo con lo que aún no estás familiarizado. Tú también necesitas soñar más, pero tu enfoque debe ser expandir tu sueño y dejar fluir tu imaginación. Tendrás que practicar esto todos los días por un tiempo. El truco no es tratar de imaginarte a ti mismo y lo que harás para lograr tus sueños. Lo importante es el objetivo que debe lograrse. ¿Cuál es el gran cambio que quieres ver? ¿Cuál es el mundo de los sueños en el que te gustaría vivir? Nunca sabrás qué se debe hacer para alcanzar un sueño hasta que lo hayas hecho, por lo que es una pérdida de tiempo especular sobre esto. Te mantiene limitado y no lograrás ninguna satisfacción de esta manera.

Puede parecer difícil tomarse el tiempo para trabajar en tu sueño si las ideas y las oportunidades se están aglomerando, pero te advertimos que lleva mucho más tiempo descubrir que te fuiste en la dirección equivocada. Es mejor pasar un tiempo ahora para tener claro lo que realmente quieres, en la escala más grande que puedas imaginar, que hacer algo que termine limitándote.

No podemos sobrestimar la importancia de tener tu propia visión de cómo deseas que sea la vida, no solo para ti y tu familia, sino también para un sector más amplio de la población. Ahora no es un momento para el egoísmo o la mentalidad estrecha. Estás siendo invitado a expandir tu conciencia y mirar más allá de los límites de tu propia vida, para unirte a un movimiento de desarrollo de la calidad de la vida humana. Este es un momento único en la historia humana, cuando el cambio está sucediendo muy rápido y se te pide que entres en un mundo mucho más grande, un mundo que nunca podrías haber imaginado antes. Es un mundo donde tus sueños realmente pueden hacerse realidad, si son lo suficientemente poderosos y tú eres lo suficientemente decidido y persistente para alcanzarlos. Los pasos son simples y no necesitas ser un genio o alguien especial.

Todos tienen la capacidad de soñar; todos tienen la capacidad de disfrutar; todos tienen la capacidad de dar pasos simples de acción hacia el sueño.

No eres consciente del poder que existe para ayudarte a alcanzar tus sueños. Lo descubrirás a medida que avances, así que no esperes a que las circunstancias sean las correctas. Nunca te parecerá correcto porque no puedes ver lo que realmente está sucediendo; pero, a medida que avances, encontrarás que todo está en su lugar, como si hubiera un poder invisible que te ayudara en cada paso.

¡Ahí está!

56
¡Comienza con honestidad!

Ser honesto contigo mismo sobre el dinero es un buen punto de partida. Esto significa ser honesto sobre:

– cuánto tienes

– cuánto quieres

– cuánto debes

– cuánto esperas

– cuánto estas dispuesto a recibir

– cuánto estas dispuesto a dar

1. Sé honesto sobre cuánto tienes.

Esto parece muy sencillo, pero muchas personas fingen que tienen menos dinero del que en realidad tienen, generalmente por una falsa sensación de modestia o un deseo de ocultar su riqueza a los demás. Hay un grupo de personas que se consideran muy espirituales y tienen muy poco o nada de dinero y fingen ante sí mismos (y ante otros) que no son realmente pobres, pero todos los demás pueden ver que lo son. También hay personas que tienen muy poco dinero y sienten pena por sí mismas, pero esto también es una especie de deshonestidad. Si tienes muy poco dinero, simplemente sé honesto contigo mismo y con los demás sobre que tienes muy poco, sin dar excusas ni culpar a nadie. De esta manera puedes hacer cambios si lo deseas.

2. Sé honesto sobre cuánto quieres.

Algunos de ustedes fingen ante sí mismos y ante otros que no quieren mucho dinero. Ustedes piensan que es más moral o

más espiritual ser pobres pero, dentro suyo, desean desesperadamente más de lo que tienen.

Otros simplemente están distanciados de lo que quieren a través de muchos años de no poder obtenerlo. Esto es entendible.
Es una forma de prevenir el dolor, pero no funciona. El dolor
adormecedor solo causa problemas mayores a un nivel más
profundo y negar lo que quieres realmente no hace que el deseo desaparezca.

Luego, hay otro grupo que ya tiene bastante dinero y riqueza
material. Crees que estás satisfecho, pero hay muchas cosas
que te gustaría ver cambiadas en el mundo. Para cambiar esas
cosas se necesita dinero (y a menudo otras cualidades, como
el coraje y la determinación). No te das cuenta de que podrías
obtener el dinero y el carácter para crear esos cambios tú mismo. Esperas a que otras personas lo hagan, haciéndote creer
que tu vida es lo suficientemente cómoda. Aquellos de ustedes que ya tienen mucho dinero no necesitan concentrarse en
las cosas materiales que desean. su deber o responsabilidad es
buscar la riqueza no material que aún les falta: la felicidad, la
paz, el amor y la realización interna, que no siempre vienen
con la riqueza material.

3. Sé honesto sobre cuánto debes.

Existe una fuerte costumbre entre los seres humanos de mentirse a sí mismos acerca de sus deudas. Algunos de ustedes evi-
tan mirar sus facturas. Algunos de ustedes no suman todas
sus facturas, por lo que no conocen la imagen completa. Algunos de ustedes no están claros acerca de todas las pequeñas
deudas, no siempre financieras, que tienen con otras personas.
Esta falta de claridad es como nublar tu situación financiera,
haciendo imposible que veas lo que necesitas hacer para alcanzar la riqueza y resolver todas tus deudas.

4. Sé honesto sobre cuánto esperas.

Es posible que desees $ 1 millón, pero dentro de ti no esperas ni siquiera $ 10.000. Esta es una gran brecha, pero necesita ser expuesta. Si esto no está claro, nunca ganarás el millón, pues tus expectativas son más poderosas que tus deseos. Mira cuidadosamente lo que realmente esperas.

5. Sé honesto sobre cuánto estás dispuesto a recibir.

Algunas personas dicen que quieren mucho dinero, pero no pueden o no quieren aceptar dinero con mucha facilidad. Por ejemplo, se sienten incómodos por cobrar precios altos por organizar negocios que pueden venderle a mucha gente. Les resulta difícil pedir un aumento de sueldo o incluso que se les pague por lo que hacen. Es bueno ser honesto contigo mismo, observando tu comportamiento cuando te ofrecen dinero. ¿Puedes aceptarlo fácilmente? ¿Sin culpa? ¿Sin bajar tu precio? ¿Sientes que te pertenece? ¿Podrías aceptar fácilmente mucho más?

6. Sé honesto sobre cuánto estás dispuesto a dar.

Si deseas mucho dinero, es posible que debas dar mucho a cambio, tanto en términos de servicio, como en términos de gasto de dinero. ¿Cuánto servicio estás realmente dispuesto a dar? ¿Estás dispuesto a trabajar más duro o más inteligentemente? ¿Estás dispuesto a aceptar la promoción? ¿Emplear más personal? ¿Expandir tu negocio? ¿Asumir más responsabilidad? ¿Asumir un papel de liderazgo? ¿Estás dispuesto a lidiar con una casa más grande, un automóvil más caro, más compras, más inversión?

El proceso de ser honesto acerca de estas preguntas te ayudará a aclarar quién eres realmente, qué quieres, qué puedes esperar, qué necesitas cambiar y en qué quieres convertirte.

Si puedes esforzarte en ser verdaderamente honesto acerca de cada una de las seis áreas, es probable que notes que hay una falta de coincidencia. Este proceso de ver las contradicciones tú mismo es el primer paso para cambiar tu situación financiera.

Aquí hay algunos principios útiles para tener en cuenta:

- Tus **expectativas** son más poderosas que tus **deseos** (lo que quieres).

- Tus **deseos** son más poderosos que **lo que tienes**.

- Lo que estás **dispuesto a dar** es más poderoso que lo que estás **dispuesto a recibir**.

- Lo que estás **dispuesto a recibir** es más poderoso de **lo que esperas**.

- Lo que tienes es más poderoso que lo que debes.

Esto significa que:

- para pagar lo que **debes**, necesitas **tener** más.

- para **tener** más necesitas desear eso o **desear** más.

- para **obtener** lo que deseas necesitas **anticipar** más.

- para **obtener** lo que esperas necesitas estar dispuesto a **recibirlo**.

- para **recibir** más necesitas estar dispuesto a **dar** más.

Una solicitud urgente

57
¡Ayuda! Necesito dinero hoy

OK, tenemos algunos problemas aquí; de hecho, tú tienes problemas y nos los estás dando. Esta no es una buena manera de comenzar.

Aunque parezca contradictorio, entregamos dinero a las personas que están felices de recibirlo, y feliz es la palabra clave. Cuando estás desesperado, nunca eres feliz. Es posible que puedas obtener un poco de dinero o un préstamo que te hunda más en la deuda, si estás lo suficientemente desesperado; pero hay una manera mucho mejor.

Esta no es la manera de la mayoría de las personas ricas, aunque hay algunos que lo usan más o menos inconscientemente. Llamémoslo el camino del futuro, la forma en que todos harán las cosas algún día. Es un gran cambio, tan significativo como el cambio del trueque al dinero.

Hay una manera de obtener dinero hoy, incluso cuando no puedes ver de dónde podría venir. Esto generalmente no se basa en la "necesidad" sino en el "desafío", lo cual se debe a que cuando necesitas dinero desesperadamente, rara vez tienes suficiente energía para obtenerlo. Es una posición cerrada, o un enfoque negativo. Entonces, si deseas aprender esta nueva manera, nuestro primer consejo es no esperar hasta que estés absolutamente desesperado. Si solo tienes un poco de efectivo en tu bolsillo o en tu cuenta bancaria, es mucho más probable que tengas éxito y, por cierto, ¡no tiene que ser mucho!

Entonces, la actitud para acercarte a este dinero es la misma actitud que tomarías ante cualquier desafío que realmente disfrutas. Algo que te "estirará", pero que haces por placer, no por deber u obligación.

Ahora te guiaremos a través de una serie de pasos para mostrarte cómo recibir cualquier cantidad de dinero hoy, que supere lo que normalmente puedes esperar.

Esto se basa en un principio simple: podemos entregar tanto dinero como tú seas capaz de recibir en cualquier momento dado. No tienes que esperar, si puedes cumplir con nuestras condiciones para la entrega instantánea.

Este método no es el mismo que el enfoque de anzuelo y línea que describimos un poco mas adelante, en el que halas algo hacia ti, más bien como pescar. La pesca lleva más tiempo, a menudo días o semanas, en el mundo del dinero.

El método de hoy se basa en que puedas estirar tus límites personales más allá de donde han estado en el pasado. Entonces, el primer paso es decirte claramente que el dinero es ilimitado. Habla contigo mismo, por un tiempo si es necesario, hasta que creas que el dinero es ilimitado. Incluso puedes hablar en voz alta si te ayuda, pero asegúrate de no hablar con nadie que crea que es limitado, ya que eso te traerá un fracaso instantáneo. Puede ayudarte imaginar el dinero como una corriente de luz dorada que cae del cielo/paraíso/universo; no es un error que hayan elegido el oro para representar sus transacciones financieras. Si imaginas cuán grande es el universo en comparación con tu pequeño mundo, verás que una gran cantidad de luz dorada puede llegar a ti. Sigue haciendo esto hasta que te sientas completamente convencido de que el dinero es realmente ilimitado y, por lo tanto, no hay ningún problema en obtener cantidad alguna de dinero porque no se lo estás quitando a nadie más. De hecho, es solo una elección: ¿cuánto quieres recibir?

El siguiente paso es presentarse como alguien totalmente interesado en aprender cómo acceder a la corriente de oro. La clave aquí es imaginar que estás haciendo algún ejercicio para practicar una nueva habilidad; no es una necesidad grave o amenazante lo que está impulsando tu deseo de obtener dinero. La actitud es similar a la de un adolescente en una patineta o bicicleta, aprendiendo nuevos trucos. No están haciendo esto porque tienen que o deben hacerlo. Lo hacen por puro placer (y sutil imperativo natural) de aprender, desarrollar nuevas habilidades y aumentar sus capacidades.

Si necesitas ayuda con este paso, piensa en algún área de tu vida (ahora o en el pasado) donde estabas aprendiendo algo solo porque querías aprenderlo, en aras de desarrollar una nueva habilidad. Esto no es como correr para perder peso; estás corriendo para correr más rápido. No estás aprendiendo a conducir para que puedas ahorrar dinero yendo al trabajo; estás aprendiendo a conducir por la libertad y el placer que te brindará. Hay una gran diferencia entre aprender de la motivación negativa y aprender de la motivación positiva, y esto es lo que tienes que dominar para usar esta técnica. Puedes hablar contigo mismo si te ayuda o, incluso, ver una película sobre alguien con una motivación interna muy fuerte y una visión poderosa: te inspirarán y te ayudarán a sentirte de la manera correcta.

Ahora, estos pasos que estamos describiendo son muy internos. Estas no son cosas físicas que puedes hacer para ganar dinero, pero este método no funciona si no dominas estos pasos, y es tan poderoso si puedes controlar tus pensamientos y sentimientos de esta manera, que te liberará para siempre de la preocupación financiera.

Entonces, estás convencido de que el dinero es ilimitado, de que, por lo tanto, puedes tener todo lo que quieras cuando lo desees y de que te inspira el desafío de aprender a hacer esto. Es hora de presentar una solicitud. Como de costumbre, debe ser simple y clara. Puedes enviárnosla directamente; algo como esto: "Por favor, dinero, entrégame $ xxx hoy".

Siempre que hayas dominado correctamente los dos pasos anteriores, tu solicitud nos llegará de inmediato y comenzaremos a entregar el dinero inmediatamente. Esto puede suceder de diferentes maneras. A veces podemos depositar dinero directamente en tu cuenta, y es posible que sea dinero totalmente inesperado. Incluso puede que no tengas idea de dónde vino. Tal vez encontremos a alguien que pueda pagarte rápidamente y hacer que te llame o entre en tu negocio, o lo que sea necesario para proporcionarte el dinero. A veces organizamos reembolsos, recompensas sorpresa y muchos otros trucos. A veces encontrarás algo o tendrás una idea que puedes cobrar al instante. No necesitas saber de dónde vendrá, pero NECESITAS SABER QUE VENDRÁ.

Este es el verdadero desafío cuando trabajas tan estrechamente con nosotros, pero no puedes vernos. Somos muy sensibles a tus sentimientos y pensamientos y, si bloqueas el flujo de dinero hacia ti de alguna manera, el movimiento del dinero se ralentiza o detiene instantáneamente. Tan solo un pensamiento pasajero –"Esto es imposible"– se nos transmite instantáneamente y, desafortunadamente, tenemos que responder, haciendo eso imposible. Luego experimentas el fracaso y comienzas a creer más firmemente que es imposible, y estás un poco menos dispuesto a intentarlo de nuevo. No te gusta fracasar.

Pero es por eso que es tan importante que tomes esto como un desafío; algo que quieras aprender. El aprendizaje está lleno de fracasos y errores, pero es fácil levantarse y volver a intentarlo, si crees que es un desafío. Nuevamente, mira a un adolescente en una patineta. ¿Cuántas veces tienen que practicar un movimiento hasta que pueden perfeccionarlo? Y todavía cometen errores de vez en cuando.

Por lo tanto, necesitarás aprender a sentir, pensar y creer que puedes hacer esto. Imagina que sucede en el ojo de tu mente. Practícalo una y otra vez, revisando, cada vez que fallas, el error que cometiste.

Estos son algunos de los errores más comunes:

- Realmente no sentiste que el dinero es ilimitado, por lo que no puedes creer que puedas tener tanto como quieras, cuando lo desees.

- Tuviste pensamientos secretos de que no es posible que tengas éxito y nos impediste directamente la entrega.

- Intentaste ser lógico y buscar fuentes específicas de dinero; esto es muy difícil para nosotros porque nos envías en la dirección equivocada y luego se acaba el tiempo y pierdes tu fecha límite. Una vez que finalizas el plazo, ya no enviamos más, por lo que la solicitud se cierra.

– Te preocupaba tu situación financiera o venías de un lugar de necesidad, no de desafío. La preocupación frena enormemente nuestro trabajo y nuevamente tu solicitud se agota.

– Debajo de la superficie sientes que no mereces dinero o que no has hecho lo suficiente para merecerlo. Estos pensamientos negativos simplemente nos dan la instrucción de que no estás listo para recibir el dinero, por lo que detenemos toda actividad.

Hay algunas cosas que debes entender aquí.

1. Si realizas una solicitud programada, por ejemplo, por $ xxx hoy, la solicitud se cerrará al final del día.

2. Si realizas una solicitud programada que falla, intenta nuevamente. Vuelve a dar un límite de tiempo e intenta corregir cualquier error que hayas notado. Si sigues intentándolo, tendrás éxito.

3. Puedes realizar una solicitud sin límite de tiempo y recibirás el dinero a veces (cuando cumplas con las condiciones habituales), pero si deseas aprender la técnica que describimos aquí, debes tener un límite de tiempo.

Para comenzar, te recomendamos que practiques pidiendo una cantidad específica hoy. Luego, si fallas, puedes volver a intentarlo rápidamente. Si te das una meta de tres meses, tomará mucho tiempo para saber si has tenido éxito o no y también puedes olvidar muchos de tus errores.

Recuerda que la clave es aprender. Tus observaciones de tu comportamiento te ayudarán a corregir los errores rápidamente. La repetición frecuente también te ayudará a aprender. A veces es necesario hacerlo una y otra vez hasta que sientas que te estás volviendo loco, pero un día, de repente, hará clic y luego será mucho más fácil. Aún cometerás errores, pero los corregirás más fácil y, gradualmente, podrás elevar el nivel de tus solicitudes.

Una palabra de advertencia aquí. Esto no funcionará si buscas una cantidad de dinero que ya es fácil para ti. Cuando no hay desafío, no hay motivación para aprender nuevas técnicas. Las viejas son lo suficientemente buenas. Debes establecer tu solicitud en un nivel que se sienta imposible.

Para equilibrar eso, si estableces una solicitud demasiado alta, puede ser muy difícil convencerte de que puedes obtenerla. ¡Mira a los *skaters*! Pequeños pasos para lograr trucos imposibles.

58

Qué hacer una vez que hayas solicitado dinero

Hay un arte en esto, así como hay arte en el *skate*. Como ahora estás aprendiendo una técnica muy avanzada, no puedes hacerlo sólo por suerte. Necesitas trabajar en ello, pero esto no se ve como piensas.

Cuando trabajas para obtener dinero, gastas toda tu energía en las cosas equivocadas, como centrarte en qué clientes tienen más probabilidades de pagarte y fastidiarlos. Probablemente ya descubriste que esto no es muy efectivo y que a menudo te rechazan. Esto no se debe a que no debas contactarlos o pedirles dinero. Es porque lo haces de la manera incorrecta.

Necesitas poner tu energía en creer que el dinero es ilimitado y ser receptivo y disfrutar, mientras haces todas las otras cosas que deben hacerse. Hay un truco para esto que puede requerir algo de práctica. Es una cuestión de dónde pones tu principal atención. Si pones toda tu atención en la vida/negocio de manera normal, obtendrás vida/negocio de manera normal. Si pones toda tu atención en creer que el dinero es ilimitado y nunca interactúas con las personas ni haces nada, probablemente perderás el dinero que te entreguemos, a menos que lo pongamos directamente en tu cuenta. El truco es poner tu atención y energía en creer que el dinero es ilimitado, mientras mantienes tus otras actividades. Esto es como un *skater* que pone toda su atención en la maniobra que está practicando mientras logra chatear con amigos, contestar el teléfono móvil, hacer cola para su turno, etc. En los momentos clave, presta el 100 % de su atención al nuevo truco, pero entre los momentos clave usa sus viejas habilidades y hábitos (como el *skateboarding* habitual) y pone del

60 al 80 % de su atención en la preparación para su próximo intento. Si se distrae, dejará de prestar atención a la habilidad que está desarrollando y dejará de practicar. Así que mucha práctica ocurre en la imaginación, mientras te vislumbras a ti mismo logrando tu objetivo y corriges tus errores en tu mente antes de tu próximo intento. Todo ese trabajo mental/imaginario es crítico para tu éxito, mientras que distraerte o estar completamente involucrado en otra cosa (algo que haces normalmente) no te ayudará en absoluto.

El arte es más bien como una obsesión. Cuando estés tan loco por aprender y probar esta nueva forma de obtener dinero, tomarás cada segundo que tengas disponible y toda la energía que puedas dedicar para concentrarte en ello; pero, por supuesto, debes continuar con tu vida al mismo tiempo. El enfoque no se centra tanto en el dinero en sí como en recibir dinero ilimitado de nosotros. En realidad, estás trabajando en tu relación con nosotros. Cuanto más cerca te sientas de nosotros, más abierto estarás para recibir dinero de nosotros directamente y nos será más fácil entregártelo.

Imagínanos como amigos cercanos en quienes realmente confías y a quienes amas. Permítete recibir todo lo que podamos darte con placer y disfrute. Planea gastarlo sabiamente, de manera que hagas del mundo un lugar mejor para que todos vivan. Cultiva un verdadero placer al contemplar tu futuro una vez que hayas dominado esta capacidad de obtener dinero cuando lo desees.

Todas estas actividades desarrollarán nuestra amistad y allanarán el camino para que el dinero llegue a ti. Comenzarás a sentir que somos reales y que estamos presentes contigo. Sentirás que, cuando solicitas dinero, estás hablando con un verdadero amigo, que tiene la capacidad de darte lo que pides. Pero, sobre todo, cultiva tu receptividad.

Muchos de ustedes simplemente no pueden recibir dinero, incluso cuando se les ofrece directamente. Tienen muchas formas sutiles de rechazarlo, pero si quieren aprender esta nueva técnica –que todos los humanos aprenderán a su tiempo (una vez que estén listos para compartir su experiencia)– deben ser receptivos y su receptividad debe ser ilimitada. ¡No pueden tener demasiado!

Olvídate de todas las historias de ganadores de lotería que gastaron sus ganancias y volvieron a la vida normal, o de artistas que arruinaron su vida cuando se hicieron muy ricos.

Te estamos enseñando una forma diferente y tu primer deber es aprender a recibir. Más adelante, te enseñaremos también cómo donar, cómo gastar y cómo administrar una riqueza ilimitada; pero no hay nada que enseñarte hasta que hayas comenzado a recibirla.

En resumen:

1. Cree que el dinero es ilimitado.

2. Tómalo como un desafío para aprender un nuevo truco.

3. Haz una solicitud de dinero clara y simple (suma específica en un momento específico, preferiblemente hoy).

4. Mantén tu atención en ser receptivo al dinero ilimitado que te enviaremos. Haz esto mientras continúas con cualquier otro trabajo normal que tengas que hacer.

Advertencia:

No te sientes y medites todo el día en recibir $ xxx hoy. Es muy poco probable que tengas éxito. Si eres tan bueno meditando que puedes hacer esto, ya deberías haber alcanzado una riqueza ilimitada y este no es el desafío adecuado para ti.

Un poco de meditación o relajación están bien para ayudarte a tener el sentimiento correcto, pero el verdadero arte es poder trabajar en tu nueva habilidad todo el tiempo, incluso cuando estás haciendo otras cosas.

No hace falta decir que, si estás trabajando en tus negocios o asuntos financieros "normales", nunca te sentirás preocupado por el dinero (o enojado, molesto, asustado, etc.). Debes prestar toda la atención al nuevo dinero que viene, sean cuales sean tus actividades habituales; esto significa que debes prestar toda tu atención al enfoque positivo, receptivo y abierto que permitirá que ese nuevo dinero llegue. Cualquier signo de preocupación o miedo es un "error" que debe corregirse instantáneamente, porque no puedes tener éxito hasta que seas verdaderamente receptivo a nosotros y a toda la grandeza que tenemos para ofrecer.

Disfruta de tu dinero

59
Gratitud y dinero

Si has leído *La ciencia de hacerse rico*, sabrás que la gratitud es una forma poderosa de atraer dinero hacia ti, así que echemos un vistazo a cómo funciona esto.

Vemos a muchas personas en estos días que están aprendiendo nuevos enfoques sobre el dinero de películas como *El secreto*, tratando de agradecer por el dinero que aún no han recibido y luchando porque es muy difícil sentirte verdaderamente agradecido hasta que realmente tengas el dinero en tu cuenta.

No es que sea un mal consejo. Si realmente puedes ver el dinero en tu cuenta o gastarlo antes de tenerlo, esto definitivamente lo atraerá a ti, pero sólo si eres muy sincero y no tienes dudas subyacentes. Y eso generalmente significa que ya tienes bastante dinero, por lo que te apoyas en tu experiencia y en un cierto flujo constante de ingresos para darte confianza.

Pero para un principiante, alguien que tiene muy poco para comenzar, es mucho más un desafío. Del mismo modo, para cualquiera que haya perdido la confianza por cuenta de algún fracaso financiero.

La primera pregunta es "¿Cómo puedes estar agradecido por lo que aún no tienes?" Parece una contradicción en los términos. Así que tratemos de verlo de una manera diferente. Imagina que hay algo que quieres. Cuando tienes la sensación de quererlo, puedes imaginar que esa sensación es como un anzuelo en una larga línea que está unida a ti. Cuando quieres algo, tu anzuelo cae en esa cosa y, mientras sigas queriendo y creyendo que lo vas a conseguir, estarás tirando de esa cosa hacia ti. Si lo quieres, pero te dices a ti mismo que no puedes tenerlo, literalmente cortas la línea entre tú y el anzuelo. El anzuelo todavía está allí, pero ya no hay ninguna conexión entre tú y tu anzuelo (tu deseo) y es por eso que no puedes atraer la cosa hacia ti. Cuando quieres algo y luego tienes pequeñas dudas al respecto, es como dejar que la línea se afloje, la cosa ya no puede moverse hacia ti, simplemente se queda quieta.

Por supuesto, el anzuelo y la línea no son físicos, pero esta es una descripción precisa de lo que sucede a nivel energético cuando quieres algo.

Entonces, la siguiente pregunta es cómo puedes acelerar el proceso de atracción para que puedas obtener lo que quieras más rápidamente. Aquí es donde entra la gratitud. Cuando crees que vas a obtener algo, definitivamente lo conseguirás a tiempo. Cuanto más experimentado seas, más poderoso serás en el uso de este enfoque y más rápido llegará. Sin embargo, si puedes permitirte no sólo creer que llegará, sino también sentirte verdaderamente agradecido de que ya está en camino, llegará mucho más rápido. ¿Por qué? Porque ser agradecido te abre para recibir más. Imagínate que has cocinado una hermosa comida para un amigo y que no está nada agradecido.

¿Querrás cocinar para él otra vez? Pero si está realmente satisfecho y agradecido, será mucho más probable que desees cocinar otra comida. La gratitud y la apreciación son como el aceite de alta calidad, suavizando el viaje del dinero en su camino hacia ti.

Si esto es difícil para empezar, comienza de manera simple, practicando estar agradecido por todo lo que ya tienes. Tómate unos minutos dos veces al día para sentirte agradecido por cualquier cosa buena que tengas en tu vida. HÁZLO CADA DÍA. Gradualmente fortalecerás tu gratitud y aprecio, y esto te ayudará cuando quieras estar agradecido por algo que aún no llega.

60
El dinero es gracioso

Si se miran desde afuera, verán que son muy graciosos con el dinero. Si tan sólo tuvieran espejos para ver su reflejo.

En tu mente pides dinero para todo tipo de cosas, y realmente queremos decir todo tipo de cosas, desde ropa nueva hasta casas nuevas, autos nuevos y muchas cosas que probablemente no quieras en absoluto. Si pudieras ver la lista de deseos que nos envías todo el tiempo, te sorprendería.

Y, al mismo tiempo, contradices tus deseos todo el tiempo. Te sientes culpable por querer cosas; sientes que no mereces las cosas; crees que no deberías ser demasiado codicioso. ¡Pero todo esto es irreal!

Si realmente creyeras que no deberías ser codicioso, no tendrías una lista tan larga de deseos. Si realmente te sintieras culpable por tener dinero, harías tu lista de deseos corta y simple.

Entonces, ustedes juegan un juego con ustedes mismos la mayor parte del tiempo; es como una broma a largo plazo, solo que no los vemos reír mucho.

En verdad, si quieren más dinero y todas las cosas que pueden comprar con dinero, sería mejor reírse mucho más y dejar de mentirse a si mismos. Da rienda suelta a tus deseos, ríete de la culpa y la codicia y disfruta. Te traerá mucho más de lo que obtienes ahora.

Vemos que es realmente difícil para los humanos darse permiso para reírse más. A veces, incluso al sonreír parece como si estirasen los labios. Y, sin embargo, a todos les encanta reír y sonreír.

Qué sociedad tan contradictoria son. Fingen que no quieren lo que más desesperadamente quieren. Fingen querer ser personas que realmente no quieren ser. Realmente, su moral está al revés.

¿Sabías que cuando quieres algo, eso te empuja a desarrollarte, a expandir tu mundo y a expandir tu experiencia? ¿Puede esto ser algo malo? Por supuesto que no.

Hemos visto a muchos de ustedes decir que no saben lo que quieren. Algunos de ustedes lo dicen casi todos los días. ¿Por qué? Porque tu quieres mucho. Quieres cosas, quieres experiencia, quieres personas y quieres cambiarte a ti mismo. Cuanto más digas que no sabes lo que quieres, más quieres realmente.

Pero esto es bueno. Creemos que es algo maravilloso que desees tanto, pero es realmente desconcertante que no puedas decir abiertamente cuánto deseas. Puedes estar orgulloso de querer tanto. Puedes disfrutar del cumplimiento gradual de tantos deseos. Puedes ver tu vida llenándose de tantas bendiciones que no podrás contarlas. Y otras personas querrán seguirte y aprender de ti.

Nos gustaría gritar y cantar en todo tu mundo para decirte que no hay nada malo en querer todo lo que puedas imaginar y más; nada de malo en querer tener lo mejor de todo; No hay nada malo en consumir tanto como quieras.

No destruirás tu planeta consumiendo demasiado. Lo estás destruyendo a través de tu enfoque contradictorio de querer tanto y negar tu propia verdad.

Tu planeta, la Tierra, es verdaderamente abundante. Está rodeada de una energía que puede proporcionarte lo que quieras y a quien lo desee. Entre ella, tú y nosotros, podemos crear cualquier tipo de bienes materiales, experiencias y estilos de vida que anheles, y siempre hay una manera de hacerlo sin contaminar o destruir el planeta, si así lo deseas.

Pero actualmente aquellos que están más preocupados por su planeta tienden a centrarse en lo que no quieren. ¡Qué comportamiento extraño! ¿Cómo puedes crear una visión de lo que no quieres? Es como pedirle a un artista que pinte una pintura que no sea de agua. O ir a una tienda y decirle al asistente de ventas "No quiero manzanas hoy".

A partir de hoy, te pedimos que hables sobre lo que realmente quieres y que olvides lo que no quieres. ¿Alguna vez escribiste una "lista de no-deseos"? ¿La lista de todas las cosas que no quieres? ¡Cuánto duraría! Incluso más que tu ya larga lista de deseos.

Escribe todo lo que deseas, desde las cosas más pequeñas hasta las más grandes, y simplemente deja ir todo lo demás. Tus deseos son creadores poderosos si les das rienda suelta para vencer a los no-deseos.

No necesitas avergonzarte de cuánto quieres. La persona que quiere mucho tiene posibilidades de crecer mucho. La modestia no viene de querer un poco sino de querer mucho. Cuando tienes que escalar una gran montaña frente a ti, te sientes pequeño, humilde. Cuando tienes una larga lista de deseos, eres modesto porque tienes mucho que lograr. Cuando tu lista de deseos está vacía, no eres modesto sino pobre.

Si vieras las contradicciones en tus actitudes hacia el dinero, realmente te reirías todo el día y toda la noche. ¡Pruébalo alguna vez!

61
Lluvia de dinero

El dinero es como la lluvia. Puede caer sobre cualquiera en cualquier momento. Si te paras bajo la lluvia y no huyes ni te proteges, te mojarás.

Sin embargo, algunas áreas del mundo tienen muy poca lluvia y otras áreas tienen mucha. Algunas personas nunca se dejan mojar mientras que otras están bien preparadas y pueden soportar la lluvia, con o sin impermeables, y dejar que la lluvia caiga sobre ellas.

Es difícil para ti ver que el dinero funciona de manera similar porque estás muy concentrado en trabajos, salarios, negocios y actividades. No comprendes claramente que el dinero es energía, una forma específica de energía. El efectivo, las cuentas bancarias y otras representaciones de dinero que has desarrollado simbolizan el valor, o cantidad y calidad, de esa energía a la que puedes acceder.

Tu capacidad para acceder al dinero está vinculada a tu capacidad para acceder a muchas más cosas, no solo cosas que puedes comprar, sino también experiencias, sentimientos y motivación.

Muchas personas se opondrán a estas palabras, especialmente aquellas que han ganado dinero trabajando duro. Dirán que necesitas copiar sus métodos para ganar dinero. Pero luego descubrirán que algunas personas que los copian no ganan tanto dinero como deberían, y algunas personas simplemente no son capaces de copiarlos en absoluto.

Esto se debe a que te enseñan las estructuras comerciales, las prácticas de trabajo, las técnicas de ventas y marketing, etc., pero no saben cómo examinar tu habilidad y capacidad para recibir y absorber la energía del dinero.

¿Cómo puedes saber que esto es cierto?

Mira los muchos casos en que tú u otra persona recibe dinero que no esperaba. ¿Puedes ver alguna razón por la cual estas cosas suceden cuando lo hacen? ¿Es porque trabajaste más duro que todos los demás? ¿Es porque tu estrategia fue mejor que la de los demás? Invariablemente encontrarás que la respuesta es no. Lo duro que sea que trabajes, siempre hay alguien que trabaja menos que tú y gana más dinero. Por inteligente que sea tu estrategia, siempre hay alguien más estúpido que lo hace mejor. Y sean lo brillantes que sean el marketing y las ventas que hagas, siempre hay alguien que no tiene que hacer todo eso y, sin embargo, tiene más éxito.

Puedes analizar el comportamiento de las personas todo el tiempo que quieras, pero si no puedes medir su capacidad de recibir la energía del dinero, nunca sabrás con quién estás tratando realmente.

Entonces, ¿cómo puedes medir eso? La forma más simple es ver cuánto dinero tienen o están haciendo. Suena obvio porque lo es. Si alguien tiene muy poco dinero es porque no está recibiendo la energía que se manifiesta en forma de números en cuentas bancarias.

Por supuesto, es posible cambiar esto o, de lo contrario, no nos molestaríamos en escribir todo esto para ti; pero primero es necesario reconocer la raíz de los problemas. Si te falta dinero, significa que no tienes acceso a la energía del dinero, no porque estés haciendo las cosas mal. Es posible que no seas muy bueno trabajando o tomando decisiones comerciales, pero esto está relacionado con la falta de energía. Si puedes solucionar el problema de energía, el resto será mucho más fácil. Si no solucionas el problema de energía y te enfocas primero en el comportamiento, la estrategia y las técnicas comerciales, descubrirás que estás perdiendo el tiempo. Y puede llevar mucho tiempo descubrirlo.

Si eres lo suficientemente valiente como para admitir dónde estás ahora y estás dispuesto a ajustar tu energía para recibir más dinero, estás dando tu primer paso hacia un mundo donde el dinero es mucho más fácil de conseguir porque es como la lluvia. Será difícil evitarlo una vez que lo encuentres y estés dispuesto a recibirlo. Si te escondes de él o te proteges, no lo conseguirás; esto es lo que estás haciendo en este momento y es por eso que no llueve sobre ti.

62
Disfrutar del dinero

¿Cuánto te permites disfrutar realmente del dinero? Disfrutar gastando y disfrutar recibiendo.

¿Sabes que el disfrute abre todos tus canales de dinero y que cuando tus canales de dinero están abiertos, tú disfrutas automáticamente? De hecho, el disfrute y el dinero están tan estrechamente vinculados que es difícil separarlos.

Ya podemos escuchar a algunos de ustedes decir "Pero me divierto mucho y no tengo dinero", y a otros que dicen "Bueno, tiene mucho dinero y es totalmente miserable".

De acuerdo; hay algunos problemas diferentes aquí. En primer lugar, recuerda todo el tiempo que te mostramos la nueva forma de ganar dinero. Realmente estás ganando dinero, eso significa crear dinero, no necesariamente ganarlo o trabajar duro para obtenerlo. Sí, es cierto que algunas personas infelices han ganado mucho dinero. Además, muchas personas se han enfermado en su entusiasmo por ganar mucho dinero. Pero, pregúntate, ¿esto es lo que quieres? ¿Quieres ser un millonario miserable o un exitoso estresado y sobrecargado de trabajo? Entonces, olvidemos la vieja forma y concentrémonos en nuevas maneras de acercarnos al dinero para resolver los problemas de las viejas formas.

Si crees que te diviertes mucho pero no tienes dinero, te pedimos que te mires con más honestidad. ¿Cuánto disfrutas sinceramente y cuánto ocultas tu tristeza o desilusión interna con excitación y estimulación temporales?

El disfrute real es muy pacífico, claro y sincero. No hay sentimientos negativos escondidos debajo. Mira el sentido intrínseco de la palabra disfrute. Es alegría, un puro levantamiento y desbordamiento de un hermoso sentimiento que inunda todo tu ser. Esto no es lo mismo que disfrutar de una película o de una buena comida o disfrutar de la compañía de una persona. Se trata de experimentar la verdadera alegría, estar en la alegría, y no se puede mezclar con ninguna tristeza, amargura u otras emociones ocultas.

Esto puede sonar como una tarea difícil si no estás acostumbrado a experimentar alegría, y lo más probable es que, si estás leyendo este libro, caigas en esta categoría. Pero no te preocupes. Puedes aprender todo si quieres. Te guiaremos en la dirección correcta, para que logres experimentar este disfrute y aumentar tu flujo de dinero.

63
El dinero ama ser apreciado

Recibir y gastar dinero son actividades muy agradables. A todos les encanta recibir dinero y a la mayoría de las personas les encanta comprar cosas. Incluso pagar facturas y deudas les da una sensación de alivio y placer.

Aquí hay un ciclo que es bueno que entiendas. Cuando disfrutas de recibir dinero y aprecias el dinero que estás recibiendo, te abres para recibir más. Cuando disfrutas gastar dinero, especialmente para comprar cosas que realmente quieres, tu agradecimiento te abre para poder comprar más, lo que nuevamente te ayuda a recibir más dinero. Esta es una fórmula muy simple. Simplemente necesitas permitirte apreciar cada encuentro que tengas con el dinero.

Si tienes dificultades financieras, puedes sentir resistencia a este mensaje. Pero te decimos que lo pruebes. Incluso cuando pagues una factura antigua (o a un cobrador de deudas o hasta a un agente judicial), hazlo de buena manera y felicítate por hacer un pago, por pequeño que sea, que reducirá tu deuda.

Si no tienes suficiente dinero para pagar todas tus deudas, todavía funciona de la misma manera. Cuanto más te preocupes, menos dinero puede llegar a ti, así que intenta darle la vuelta. En lugar de tensarte por el miedo a pensar en el dinero, intenta decir cosas simples como "Le doy la bienvenida al dinero en mi vida", "Me encanta el dinero", "Estoy ansioso por tener más y más dinero" o "Dinero está en camino". Al principio puedes sentirte muy falso, pero si practicas decirlo –y mucho más poderoso es practicar sentirlo–, comenzará a funcionar y comenzarás a ganar más dinero en tu camino.

En este punto, sigue adelante. Si tu práctica está funcionando, no renuncies una vez que comiences a ganar un poco de dinero. Sigue recibiendo cada vez más y mira qué sucede.

La nueva moneda

64
¿Cuál es la nueva moneda?

La nueva moneda se basa en la contribución: la contribución de una persona a la vida misma. Debes comprender que el dinero (o la nueva moneda) no es realmente una recompensa por tu servicio o contribución. Es más como una medida. Por lo tanto, se supone que tu dinero, en cualquier momento, es una valoración de tu contribución en ese momento.

Sin embargo, no has recibido nuestras instrucciones financieras con mucha claridad, por lo que has creado un sistema financiero que se basa en una visión del mundo muy limitada, en particular, la opinión de que el material es limitado y que la contribución material es muy valorada. Te ha resultado difícil creer que el material es ilimitado y que hay mucha contribución que actualmente no se puede ver ni medir.

El nuevo sistema cambiará todo eso. Se basará en recursos infinitos, en virtud de la creatividad ilimitada de los seres humanos, lo que significa que puedes crear cualquier material que te falte actualmente. También se basará en valorar las contribuciones tanto visibles como invisibles de las personas. Con esto no solo nos referimos al servicio desinteresado que millones de humanos brindan actualmente a sus hijos y a los enfermos y otras personas que sufren. Realmente mediremos tu contribución a la vida misma.

Entonces, ¿cómo será esto?

Imagina el universo como un vasto campo de olas, similar a un océano. Cada movimiento, cada onda en el océano, se conecta y afecta de alguna manera a cualquier otra parte del océano.

Si viertes un poco de agua caliente en un océano frío, el calor se fusiona con el agua fría y lo calienta, aunque sea un poco, y esa agua más cálida se fusiona con más agua fría en una especie de reacción en cadena que disminuye a medida que te alejas de la fuente, pero nunca puedes encontrar la verdadera ventaja de la reacción. Porque, en verdad, el movimiento cambia el océano para siempre y ese cambio finalmente se lleva a través de todo el océano, de una forma u otra, aunque ya no sea en un aumento de la temperatura.

Lo mismo ocurre con los pensamientos, sentimientos, acciones y otras vibraciones humanas. Cada acción amable envía una onda de cambio a través del universo que, aparentemente, no es vista por nadie, excepto por el receptor de la bondad; no obstante, en verdad es vista por un número infinito de seres de los que actualmente no eres consciente, y eso nos incluye a nosotros, tus amigos que alimentan tu sistema de intercambio al que llamas dinero.

No son solo acciones, sino que cada pensamiento, cada sentimiento es también una vibración y envía una onda a través del universo, saliendo de tu ser en un camino infinito de pequeños cambios que afectan a cada partícula de energía con la que se cruza, lo que a su vez afecta cualquier otra partícula de energía. Ustedes son seres verdaderamente poderosos, pero tus sistemas actuales sólo les permiten experimentar una pequeña parte de su poder.

Imagínate si se te pudiera pagar por cada pensamiento amable o amoroso que tengas sobre otra persona o sobre la vida misma. E imagínate si tuvieras que pagar por cada pensamiento desagradable o enojado que envías, formando ondas a través del tiempo y el espacio en un viaje sin fin.

¿Estarías en crédito o débito ahora? E imagina si pudieras canjear tu "crédito" por riqueza material. ¿Cuánto podrías comprar ahora?

Bien. Veamos esto con más detalle, porque este sistema es tan maravillosamente simple que te encantará entenderlo mejor.

En primer lugar, comprendamos esta noción de crédito y débito: que te paguen o tener que pagar. Cada vibración que emana de tu ser (toda tu combinación de cuerpo, mente, corazón y alma) es vida creativa (llamémosla vida+) o vida destructiva (llamémosla vida-). En general, sabes muy bien, al menos en teoría, cuál es cuál. Todos pueden estar de acuerdo en que el amor es un sentimiento de vida+, que la ira es vida-. Podrías hacer una lista de palabras que representen cualidades de pensamientos, acciones y sentimientos, y decir con precisión cuáles son vida+ o vida-. De hecho, muchas personas han trabajado describiendo tu escala de conciencia que mide el grado de destrucción/creación de todas tus emociones y vibraciones de pensamiento principales.

Cada una de estas vibraciones tiene su precio; en otras palabras, cada una puede representarse en tu cuenta bancaria vibratoria (CBV) con absoluta precisión y pronto desarrollarás sistemas para describirla para que sea más tangible para ti.

Algunos de ustedes entienden el sistema de reducción mejor que otros. Algunos manejan sus créditos mejor que otros. Algunos de ustedes lo guardan, a menudo sin darse cuenta, para la próxima vida. Algunos lo invierten inteligentemente en esta vida para ayudarlos a aumentar su crédito. Algunos son derrochadores y desperdician su crédito, no lo hacen funcionar eficazmente para ustedes. Como es arriba es abajo, el sistema mencionado es tan simple y poderoso que hace que sus finanzas parezcan imposiblemente complicadas, limitadas y limitantes.

65
Cómo extraer de tu CBV

Cuando tengas crédito en tu cuenta, puedes retirarlo para crear tu realidad material. Con esto no solo nos referimos al efectivo o al dinero tal como lo conoces, sino a cualquier aspecto de tu vida material que desees mejorar.

Por ejemplo, si deseas alguna mejora en tu cuerpo, como curar una enfermedad o renovar tu apariencia física, puedes recurrir a tu crédito para lograr lo que deseas.

Si deseas que aparezca una nueva relación o nuevos amigos, nuevos socios comerciales o cualquier otra persona en tu vida, puedes recurrir a tu crédito para que esto suceda.

Si deseas comprar cosas, para aumentar tus posesiones materiales de cualquier manera, también puedes retirar dinero de tu crédito, realmente cobrarlo, a cambio de efectivo o los bienes/servicios que se te proporcionarán.

La mayoría de ustedes son completamente inconscientes de todo esto y, por lo tanto, no tienen un enfoque estratégico para acumular crédito o usarlo. Viven sus vidas de acuerdo con cómo se sienten y todos los movimientos en su CBV ocurren sin su conocimiento. No tienes idea de si tienes crédito o débito y cuánto, por lo que no puedes planificar tu vida y lograr tus deseos con consistencia o previsibilidad. La vida puede parecer muy impredecible en estas circunstancias, muy difícil de controlar, y puedes sentir que eres la víctima de tus circunstancias, en lugar del creador.

Entonces, si deseas obtener algo de crédito para lograr una mejora particular en tu vida material, ¿cómo lo haces?

Hay varias formas, todas basadas en el mismo principio. Pides, clara y simplemente, lo que quieres. Tú haces una solicitud. Esto puede venir en la forma de una simple expresión de entusiasmo: "Me encantaría tener eso". Puede venir en la forma de un sueño o una visión que tienes para tu vida y que realmente crees que vas a alcanzar. Puede venir en la forma de una oración o un deseo sincero expresado a tu Dios u otro aliado espiritual. Las características comunes de cada solicitud son la sinceridad, un profundo deseo expresado abiertamente y la creencia de que puedes tener y tendrás lo que sea que solicites.

Tan pronto como se realiza la solicitud, los cálculos comienzan en tu CBV y empieza el trabajo de entregar tu solicitud. Si no tienes suficiente crédito, tendrás que esperar hasta que lo hayas acumulado antes de disponerlo. Sin embargo, mucho más común es que tu crédito esté vinculado a múltiples solicitudes y, por lo tanto, aunque parezca que tienes suficiente, en realidad no está disponible. Es como si hubieras reservado el pago para una fecha futura, por lo que el dinero todavía está en tu cuenta, pero, en nuestro mundo, ya está comprometido. No puedes gastar créditos asignados para otro propósito a menos que canceles el otro propósito en primer lugar.

El principal error que cometes es vincular tu crédito a solicitudes que no se cumplen pero que tampoco se cancelan, por lo que los créditos no se pueden liberar para otro propósito. Por ejemplo, tú dices que deseas obtener un aumento salarial el próximo año, pero rechazas los trabajos que te hemos ofrecido. Dices que quieres un nuevo novio o novia, pero no te gusta nadie a quien te presentamos. Dices que quieres curar una enfermedad, pero no escuchas al médico o al sanador que te enviamos. En estas situaciones, tú asignas parte del crédito en tu cuenta al hacer la solicitud, pero en realidad no lo retiras para tu vida material. Luego, cuando vienes a hacer otra solicitud, el crédito aún está comprometido, asignado a la primera solicitud que se atascó, por lo que no puedes usarlo para la nueva solicitud. Debes usar el crédito restante o acumular más.

Probablemente puedas imaginar que tienes muchas solicitudes que no se han cumplido, por lo que tu crédito no es tan gratuito como te gustaría, y es por eso que no siempre obtienes lo que deseas cuando lo deseas.

Hay una circunstancia común en la que puedes hacer una extracción, incluso cuando tu crédito está inicialmente comprometido. Esto es lo que a menudo llaman un "milagro".

Cuando llegas a un punto en el que estás absolutamente desesperado por algo y te dices a ti mismo que es lo único que te importa en el mundo, que darías todo lo que tienes para curar tu enfermedad o conseguir un nuevo novio o comenzar tu propio negocio; entonces, todas tus solicitudes anteriores se cancelan por la fuerza de tu deseo y la exclusividad del mismo. En esta situación, todo tu crédito estará disponible instantáneamente, sin ataduras, y puede usarse para obtener lo que deseas. Es una situación muy poderosa y, cuando tienes una cantidad significativa de crédito, puedes lograr cambios verdaderamente milagrosos en tu vida, en un instante.

Te recomendamos que estudies el sistema cuidadosamente y estudies tu vida para ver cómo está funcionando. Luego decídete a aprender cómo usarlo conscientemente en lugar de inconscientemente. Te ayudará a mantener tus solicitudes simples y claras y a asegurarte de no saturar tu CBV con demasiadas solicitudes al mismo tiempo.

66
Cómo acumular crédito en tu CBV

Tú acumulas crédito en tu CBV en cada pensamiento, sentimiento o acción de vida+, pero no todos los pensamientos, sentimientos y acciones tienen el mismo valor.

Por ejemplo, tomemos el amor. Este es claramente un sentimiento muy positivo que lleva a muchos pensamientos y acciones positivas también. En cada momento, cuando sientes amor hacia cualquier cosa, estás en una posición positiva, de vida+ y agregando crédito a tu CBV. Hay muchos grados de amor y es el grado de tu amor lo que determina exactamente cuánto crédito se agrega. Por ejemplo, puedes amar a una persona con calidez y afecto o puedes amar con una intensidad mucho mayor, lo que hace que le des mucho más a esa persona. El amor más intenso agrega más crédito a tu CBV que el amor menos intenso. De manera similar, puedes amar a una sola persona, de una manera muy exclusiva, o puedes amar a muchas personas en tu vida. Si eres muy espiritual, también puedes experimentar fuertes sentimientos de amar a todas las personas. Claramente, tener la capacidad de amar a más personas te da más crédito que amar a una sola persona a la vez. Algunas personas experimentan la vida amorosa en sí, o tal vez aman a Dios o al creador del universo o a alguna otra fuerza divina. Este es un amor muy poderoso, de hecho. Su poder es muy superior al amor exclusivo por una persona, por lo que genera un crédito mucho mayor en su CBV.

Esto no quiere decir que no debas amar a una persona. Es posible amar mucho a una persona además de, o incluso como parte de, amar a muchas personas o a la vida misma. Si amas la vida, también amas a tu pareja o hijos; pero si amas a tu pareja no necesariamente amas mucho a los demás ni a la vida misma.

Por supuesto, hay muchas otras emociones positivas además del amor, pero el principio es el mismo para todas ellas. Cuanto mayor sea la intensidad, mayor será el crédito que ganes. Y cuanto mayor sea tu capacidad, mayor será tu crédito.

Puedes preguntar sobre personas que son (financieramente) muy ricas pero que no parecen amar mucho a nadie. Hay algunas posibilidades diferentes aquí. En primer lugar, algunas personas nacen con un mayor nivel de crédito, que obtuvieron en una vida anterior. Esto puede hacer que tengan un buen comienzo. Cualquiera que dirija un negocio, por desagradable que sea su carácter, está suministrando productos y servicios a miles o millones de personas. Eso significa que están ayudando a esas personas a tener lo que quieren o necesitan, y este es un acto positivo en sí mismo. En este caso, el propietario del negocio puede estar haciendo un intercambio de servicio bastante directo por crédito retirado como efectivo, que es la forma más simple de intercambio, pero está funcionando con los mismos principios.

Si observas a tus banqueros e inversores, ellos también están haciendo actos muy positivos cuando invierten en negocios, ayudando a otras personas a proporcionar productos y servicios, así como a sustentar a mucha otra gente, y aquí es donde acumulan crédito.

¿Qué pasa cuando las personas crean negocios que son en sí mismos destructivos para la vida? Por ejemplo, si están produciendo productos químicos que dañarán el medio ambiente o armas de destrucción masiva. Aquí la situación es un poco más compleja. En la medida en que satisfacen las necesidades de otras personas de productos y medios de vida (salarios), están realizando acciones positivas que son recompensadas con crédito. Sin embargo, en la medida en que sus acciones son negativas, porque están respaldando acciones negativas, pierden valor en su cuenta o se debita.

Quizás te preguntes cómo es que las personas pueden hacerse tan ricas en negocios como el tráfico de armas o drogas, o en muchos otros negocios que tienen un efecto destructivo en la vida. La respuesta es simple. El dinero no es la única forma en que puedes utilizar tu crédito. Puedes utilizarlo en salud, relaciones, hijos, amistades y muchos otros aspectos de la vida material. Y algunas personas tienen mucho crédito no gastado. Por lo tanto, no puedes juzgar solo por la riqueza financiera de una persona cuán rica es en su vida. Para obtener una imagen completa de eso, debes observar su calidad de vida total en la tierra y su crédito disponible, que pueden retirar en cualquier momento, por ejemplo, en una emergencia, y su capacidad para seguir agregando crédito a su cuenta de forma continua. Esto te dará una imagen mucho más precisa del valor de la contribución a la vida de una persona.

67
Cómo administrar tu CBV

Actualmente no tienes conocimiento de tu cuenta bancaria virtual (vibracional), por lo que tus sistemas de gestión actuales son torpes, por decir lo menos; simplemente, eres como las personas ciegas que fingen funcionar exactamente igual que los videntes.

Entonces, comencemos explorando cómo administrar tu CBV sin poder ver o monitorear tu cuenta con precisión, porque ahí es donde están todos ustedes ahora. Imagínate si tuvieras que administrar una cuenta bancaria normal sin poder consultar el saldo o saber exactamente cuánto dinero se deposita o gasta en la cuenta. Lo único sensato que puedes hacer en esta situación es asegurarte de depositar tanto como puedas y no desperdiciar tus gastos.

Podemos decir lo mismo de tu CBV. Agrega todo el crédito que puedas a través de pensamientos, sentimientos y acciones positivas. Multiplica tu crédito haciendo que tus pensamientos, sentimientos y acciones afecten a la mayor cantidad de personas posible. Evita debitar de tu cuenta a través de pensamientos, sentimientos y acciones negativas, en la medida de lo posible. No multipliques tus débitos sintiéndote culpable o avergonzado de tus errores. Ten en cuenta que este tipo de sentimientos crean un drenaje en tu cuenta, literalmente. Dispón de tu cuenta inteligentemente. Asegúrate de tener una calidad de vida material que te respalde para aumentar continuamente tu crédito, de modo que no seas malo contigo mismo ni con tus seres queridos, o correrás el riesgo de incurrir en débitos no deseados a través de pensamientos negativos.

Este es el enfoque más simple que puedes tomar. No sabrás si tienes crédito suficiente para una solicitud específica y nunca sabrás cuándo puedes necesitar una reducción urgente, por ejemplo, para curar una enfermedad o accidente o manejar una crisis en una relación o una crisis financiera o de otro tipo. En estos casos, simplemente puedes solicitar ayuda y extraer todo lo que tengas disponible. Algunas personas que necesitan curación, por ejemplo, tienen que acumular su crédito durante días, meses o incluso años antes de poder obtener lo que desean. Diríamos que la mayor parte de la curación se puede lograr en cuestión de horas, días o semanas (como máximo), si eres verdaderamente sincero en tu positividad y no dejas que la negatividad se apodere de ti. Aquellos que buscan (solicitan) la curación y tardan mucho tiempo en obtener resultados, están en una lucha entre lo positivo y lo negativo, por lo que a menudo agotan su cuenta tan rápido como lo que suman. Aquí es donde un buen maestro, gurú o sanador puede ayudarte a minimizar el comportamiento negativo y llevarte a ser más positivo.

A partir de esta explicación, es posible entender cómo creer y tener fe pueden ayudarte a construir tu crédito: ambos son muy positivos. También puedes ver cómo el amor, tan a menudo descrito en los escritos espirituales, es una fuerza tan poderosa para la vida.

En el futuro, ahora no tan lejano, tendrás sistemas para calcular el valor de tu CBV y el valor de las manifestaciones materiales que deseas crear. Sabrás cuánto crédito necesitas gastar para obtener una nueva relación, ganar $100.000 al año o cualquier otro resultado que desees lograr. Desarrollarás nuevas habilidades de inversión en tu vida para que puedas obtener el máximo retorno de la inversión.

Debes comprender que tu CBV no es tan estática como tus cuentas bancarias humanas. Hay pequeñas fluctuaciones en cada momento del día, y a lo largo de la vida, a medida que piensas, sientes y actúas, positiva o negativamente. También extraes de tu cuenta inconscientemente cuando materializas comidas, dinero en efectivo, experiencias, amigos y familiares, negocios, etc. Esto está sucediendo sin tu conocimiento en este momento, pero es bueno comenzar a tomar conciencia. Obtendrás mucho al estudiar lo que estamos escribiendo aquí y cómo se hace visible en tu vida, por lo que estarás preparado para que el nuevo sistema reemplace tus sistemas financieros actuales.

68
Debitar tu CBV

Tu cuenta bancaria virtual no siempre está acreditada. Puedes debitar de ella como una cuenta bancaria normal.

Hay dos formas de debitar de tu CBV. La primera es simplemente haciendo un retiro, utilizando parte de tu crédito para crear una parte de tu vida material. Algo de esto sucede más o menos inconscientemente, en virtud de que estás vivo. Algunos retiros son más conscientes: son las cosas que deseas y encuentras la manera de obtenerlas. Pero también puedes debitar de tu cuenta a través de un comportamiento negativo. Esto abarca todos los pensamientos, sentimientos y acciones negativos, desde los sentimientos más simples de desilusión, tristeza o preocupación, hasta las acciones reconocidas como más negativas, como herir o matar personas, robar o causar cualquier tipo de daño a la vida.

A menudo no te das cuenta de cuánto estás debitando tu cuenta a través de una corriente continua de pensamientos ligeramente negativos, el tipo de pensamientos que apenas percibes como tales. Cada vez que te quejas, te preocupas o expresas cualquier tipo de emoción negativa, simplemente estás disolviendo el crédito que acumulaste a través de tus pensamientos, sentimientos y acciones positivas. Al igual que con la creación de crédito positivo, existe una escala de negatividad: las acciones más negativas tienen el mayor valor de débito, mientras que cada pensamiento o acción negativa simplemente cancela el valor de un pensamiento o acción positiva equivalente.

La principal diferencia entre debitar de tu cuenta y acreditarla, al igual que en una cuenta bancaria humana, es que hay un límite en cuanto a la cantidad que puedes debitar de tu CBV. No puedes ser más y más negativo. Cuando alcances un cierto nivel de negatividad, ya no podrás mantener tu cuenta. En este punto solo hay dos caminos a seguir. O mueres, o cambias tu vida y comienzas a comportarte positivamente. No hay otras opciones. Ni siquiera es posible mantenerse estable en este punto. La CBV está en constante movimiento, con pequeños créditos y débitos que tienen lugar todo el tiempo. Una vez que alcanzas el máximo al que puedes llegar en negativo, tienes que hacer un gran cambio positivo para poder mantenerte con vida. Necesitas poder acumular suficiente crédito para que las fluctuaciones constantes nunca te lleven más allá del límite de vida.

Sarah McCrum

Una conclusión simple

69
La vida es tan simple

La vida es realmente tan simple cuando sabes cómo hacerlo. Tú pides, nosotros suministramos. Tú disfrutas, nosotros trabajamos, pero nosotros también disfrutamos. Tú recibes, nosotros entregamos.

Si pudieran mantenerlo así de simple, ahora estarían ocupados con cosas muy diferentes. No estarían preocupados por dinero, facturas o trabajos. No vivirían en casas que no les gustan ni trabajarían en carreras que no disfrutan. No estarían luchando con problemas familiares o sociales.

Tu primera prioridad sería educar a las personas para asegurarte de que todos entiendan y puedan usar estos principios simples, una vez que los estés utilizando de manera efectiva.

Tu segunda prioridad sería explorar cuánto puedes hacer, utilizando estos principios como base.

Tu tercera prioridad sería trabajar con grupos de otras personas, utilizando los mismos principios para crear proyectos más grandes e inspiradores.

Pasarías de una solicitud a la siguiente, de un desafío a otro, siempre disfrutando, siempre divirtiéndote.

Por supuesto, todavía tendrías problemas, pero en lugar de quedarte atascado, los tomarías como oportunidades para mejorar tu habilidad. Serían como jugar un torneo importante si eres un deportista: una oportunidad de demostrar tus habilidades, a ti mismo y a los demás, después de un período de práctica más intensa y de autoentrenamiento. A veces ganas, a veces pierdes, pero participar es tu oportunidad de ver más claramente dónde estás, qué necesitas mejorar y qué puedes aprender de los demás. Es simplemente divertido, combinado con estimulación real y motivación personal.

No podemos enfatizar demasiado lo simple que es esto para todos ustedes. No hay ningún ser humano que sea incapaz de aprender estos principios simples y de beneficiarse de ellos exactamente en las áreas donde más buscan cambiar sus vida.

Estamos tratando de darte las instrucciones más simples posibles, que un niño podría seguir con sólo una guía mínima. Escribiremos una versión de esto para los niños más tarde, para asegurarnos de que puedan tener acceso directo a nuestro conocimiento, porque en realidad aprenderán junto a ti, no de ti, en esta etapa de tu evolución.

Te instamos a leer y releer lo que está escrito aquí muchas veces. Cada vez que leas una sección, tómala lentamente y relájate para que nuestras palabras se fundan en tu mente. No esperes poder hacer todo al día siguiente. Puedes esperar que la mayoría de nuestras instrucciones tarden entre dos semanas y dos meses en tener un efecto real en tu vida.

Es importante que sigas leyendo y releyendo, que sigas practicando todo lo que aprendes y, sobre todo, que sigas disfrutando. Esto permitirá que todas nuestras instrucciones y conocimientos se asimilen sin bloquearse.

Por favor, por favor, no pases tiempo preguntándote si está funcionando. Te prometemos que está funcionando. Pero cuando cuestionas esto, comienzas a enviarnos instrucciones para que no funcione o no funcione muy bien. Esto puede convertirse rápidamente en una profecía autocumplida.

Lo que hemos presentado en estas páginas es una forma poderosa de aumentar tu riqueza. Es diferente de todo lo que has hecho antes, así que tómate el tiempo para aprenderlo, siempre disfrutando.

No escuches a las personas (o a tu propio crítico interno) que dicen que no funciona. Si no funciona, es porque todavía eres demasiado serio por dentro. Necesitas disfrutar más y permitirte ser simple, sencillo y claro.

Estamos seguros de que cuanto más comprendas cómo trabajamos, más fácil será hacer esto. Es por eso que te hemos dado imágenes simples con las que esperamos que puedas relacionarte.

Lo más importante que queremos recordarte es que cada solicitud financiera que hagas en tu vida se registra y procesa en la medida en que lo permites. Si no se cumple, permanece "en nuestros libros" para siempre.

Esto significa que todo lo que hayas deseado, incluso hace mucho tiempo, todavía está abierto para ti, si lo deseas. Aquí no hay ninguna obligación, pero necesitas saber cómo funciona.

Ponte en la posición de la persona que recibe, procesa y entrega tus finanzas y hazte estas preguntas:

¿Tus solicitudes son claras, simples y comprensibles?

¿Mantienes tus solicitudes hasta que las cumples o las sigues modificando o cancelando?

¿Pides sinceramente lo que quieres y esperas obtenerlo, o tienes dudas sobre lo que quieres?

¿Sientes que mereces lo mejor o a menudo sientes que no deberías tener lo que quieres?

¿Estás abierto a recibir dinero o sientes que no deberías tener demasiado?

¿Disfrutas todo lo que haces?

¿Estás abierto a nuevas oportunidades?

¿Aceptas nuevas oportunidades?

¿Tienes una visión clara de algún cambio que quieras ver en la sociedad?

¿Estás dispuesto a ayudar a hacer ese cambio?

¿Estás dispuesto a tomar apenas una hora al día para practicar lo que has estado aprendiendo?

¿Estás dispuesto a tomar tiempo y paciencia para aprender, sin apurarte en ninguna etapa?

¿Estás dispuesto a aceptar que puedes tener lo que quieras?

Vuelve a estas preguntas de vez en cuando para evaluarte. Son buenos recordatorios de cómo acercarse al dinero. Y luego regresa al capítulo correspondiente cada vez que encuentres un área donde necesites aprender más.

Si al principio sientes que no estás teniendo éxito, sólo hay dos áreas en las que debes mirarte honestamente a ti mismo y ver cómo puedes cambiar.

1. ¿Tus solicitudes son realmente simples? Si no, es muy difícil para nosotros procesarlas y entregarlas en la forma que deseas, y puedes sentir que no estás obteniendo los resultados que esperabas.

2. ¿Estás disfrutando al menos algo de tiempo todos los días? Esta es realmente la forma más simple de garantizar que tus solicitudes se puedan entregar porque, si estás disfrutando, nunca las cancelas ni las cambias.

Por lo general, si los resultados son lentos, es porque uno o ambas áreas no se están dando. Si ese es el caso, simplemente regresa y practica nuevamente, por un tiempo cada día.

Si sientes que estás haciendo sinceramente cada uno de estos pasos, debes ser paciente. El hecho de que estés cuestionando tu éxito sugiere que tienes algunas dudas persistentes. A veces, estos son bloqueos ocultos dentro de ti que pueden tardar un poco más en liberarse, pero si eres paciente, seguramente saldrán.

Recuerda todos los días que el dinero es ilimitado. Por lo tanto, es moral ganar y gastar dinero pues te da la capacidad de disfrutar más la vida y hacer una mayor contribución.

Llevándote más lejos

Sarah McCrum es una life coach y entrenadora, y organiza cursos y retiros sobre dinero, inspirados por Ama el dinero, el dinero te ama. Puedes consultar lo que está disponible actualmente en su sitio web: sarahmccrum.com y es.sarahmccrum.com

www.ingramcontent.com/pod-product-compliance
Lightning Source LLC
Chambersburg PA
CBHW071952100426
42736CB00043B/2783